静岡野球ノート

輝いた
その時

静岡野球ノート

輝いたその時

はじめに

「野球王国」といえば、すぐ複数の都道府県名が思い浮かびませんか。果たしてその中に静岡県は――。残念ながら対象外、というのが現状ではありませんか。

野球王国としてリストアップされるための裏付けは何か。プロ選手輩出数なのか、春夏の甲子園優勝回数なのか、野球熱なのか。おそらく確たる基準はなく、多様な要素を総合し、思い思いにイメージを膨らますものだと思います。

で、本県は――。現状では対象外であることを甘受せざるを得ない現状としても、遡ったらどうでしょうか。「野球王国」の一つだった時期があったのは間違いありません。甲子園で本県代表といえば、「強いから」と激しくマークされたことなどは、王国ならではの姿だったといえるでしょう。

終戦2年目の夏、県代表として戦後初めて全国舞台に立った旧制沼津中（現・沼津東高）を皮切りに、本県の野球が〝輝いたその時〟を再現いたしました。野球静岡が再び光彩を放つことを願いながら。

（文中敬称略。かっこ内の所属は2013年3月現在）

●もくじ●

■高校野球

■社会人野球

高校野球

沼津中
韮山
静岡商
清水東
静岡
掛川西
静岡学園
東海大工
浜松商
東海大一
浜松工
島田商
常葉菊川

旧制沼津中戦後初の県代表①

グラウンドに球音戻る

１９４６年（昭和21年）８月15日、復活なった全国中等学校優勝野球大会が開幕した。

終戦から1年、国内はまだ混乱の真っただ中にあった。今も昔も球児たちあこがれの甲子園も、連合軍に接収されていて使用できず、６年ぶりの熱闘の舞台は西宮球場だった。それでもスタンドは連日、４万人のファンで埋まり、当時の新聞は選手たちの勇姿を「新生日本の息吹」と報じた。

復活したひのき舞台を踏んだのは、地域予選を突破した19校。本県からは旧制沼津中（現・沼津東高）が名を連ねた。県予選、さらに山梨県代表と渡り合う山静大会を勝ち抜き、県勢戦後初の代表切符を手にしたのだった。

終戦の年の45年も押し詰まったころ、野球好きの1〜4年生、30人ほどが沼津農学校跡地に集まった。思い思いにかき集めたグラブやバットを手に。８カ月後、全国の舞台で晴れ姿を披露するなんて思いも及ばず、「ただ、野球をしたかった」—との思いが起こさせた行動で、終戦末期の解散以来、２年半ぶりの活動再開だった。

45年7月17日、沼津市街地は空爆にさらされ、現在の香陵グラウンドにあった沼津中校舎は焼失した。このため、東熊堂と沢田にまたがる元海軍工廠《こうしょう》の施設が仮校舎になり、仮校舎に程近い、その一角の沼津農学校跡地が再開した野球部のホームグラウンドになった。

ホームグラウンドといっても草は生え放題。右翼は狭く、ちょっといい当たりをすれば、ボールは柵を越えてその向こうの田んぼへ飛び込んだ。それでも野球を渇望していた面々は、喜々としてボールを追った。当時、3年生部員だった渡辺功（静岡市葵区在住）は「野球ができるようになった。ただ、それだけでよかった」と振り返る。

野球部復活からほぼ2カ月後の46年2月、早くも対外試合を行った。といっても試合に耐えうる硬球がないため、軟球を使用してプレーした。相手は沼津工業（現・沼津工高）。戦後初の対外試合は0―3の敗戦だった。

たとえ、グラウンドが荒れていようとも、全国各地に響き渡る球音は戦後復興の象徴だった。球児たちの動きに押されるように、中等野球は復活へ向けハイスピードで前進。46年7月初め、全国大会再開が正式決定した。

一角に沼津球場がある沼津海軍工廠跡地。ここで旧制沼津中野球部が再スタートした＝沼津市

旧制沼津中戦後初の県代表②

猛打で快進撃、予選突破

1946年（昭和21年）、〝球児の夏の祭典〟である、全国中等学校優勝野球大会復活が決まると、各都道府県は素早く対応した。静岡県も再開決定の知らせを受けてからわずか半月後、県予選開催にこぎつけた。

「県高校野球史」に、大会の主催は県体協（県体育協会）―とある。いまは高校野球連盟と別組織の体協だが、終戦直後で受け入れ態勢が整っていなかったため、開催にはスポーツ関係者の一体となった取り組みが欠かせなかったからだ。

戦後初の県予選は18校が参加して7月23日、草薙球場で開幕した。10球場を使用する現在と異なり、会場は草薙球場1カ所で期間中、各校の草薙通いが続いた。

沼津中（現・沼津東高）は2回戦から登場し、沼津商と対戦した。戦前から定期戦を行ってきた好敵手同士。互いに譲らず5―5で迎えた九回表、沼津中は2死一、二塁の好機をつかんだ。

ここで打席に入った杉本喜雄（沼津市在住）の一打は左翼線上を鋭く突き、白煙が舞い上がった。2者が相次いで生還、決勝の二塁打となった。「舞い上がった白煙が今でも目に浮かぶ」と、杉本は春分の日の殊勲打を鮮明に記憶している。

この勝利で勢いに乗ると、富士中（現・富士高）に13―3、晁陽工（後に東海大一高）に12―2で圧勝して、決勝に進出した。決勝も掛川中（現・

1946年夏、山静大会を制し、本大会出場を決めた沼津中ナイン
（沼津東高野球部100周年記念誌から）

掛川西高）を投打に圧倒して9―2で快勝した。掛川中とは山梨県勢と相まみえる山静大会の決勝でも激突、7―3で再び圧倒して、ついに初の全国行き切符を手に入れた。

大会期間中、草薙球場までの行き帰りの足は満員列車。食糧買い出しの人らがデッキまであふれていたため、時には窓から乗り込んだ。ところが、山静大会制覇の際はトラックの荷台に乗って凱旋（がいせん）した。初Vに歓喜したOBが優勝祝いに―と、急きょトラックを調達したのだった。

県予選、山静大会6試合で62得点と打線は猛打を振るったが、エースの右腕、村田弘（故人）も好投した。3年生だったが、「試合のたびに成長」（杉本）し、一人で投げ切った。

村田は全国舞台でも完投。翌、翌々年もマウンドを守り、卒業後、プロ球団の阪神に入団したが、肩を痛めて1年で退団した。

旧制沼津中戦後初の県代表③

強豪相手に善戦及ばず

沼津中（現・沼津東高）は1946年（昭和21年）8月15日、全国中等学校優勝野球大会の開会式に臨んだ。西宮球場は4万人で埋まり、力強く歩を運ぶナインの胸で「Ｎｕｍａｃｈｕ」の7文字が躍った。

県予選は「Ｎ」1文字のユニホームで戦った。文字用の生地が足りなかったためだった。物資不足で用具にも事欠く中、ＯＢの後押しもあって山静大会には伝統の7文字表記が復活した。

ユニホームは統一された。ところが、ストッキングはそろわず、内外野でデザインが異なった。苦肉の策だったが、はた目には粋に映り、「グッドアイデア」と好評だった。

出番は開会式当日の2試合目。愛知商（愛知）と対戦した。好投手の平古場昭二を擁する浪華商（大阪、現・大体大浪商高）が前評判通りの強さを発揮して優勝したが、愛知商も評価は高かった。出場は6度目と経験でもはるかに上回る強豪に、初陣校がいかに挑むか―。注目の中、試合が始まった。

強豪・愛知商より、まずスタンドに圧倒された。一部2階建てスタンドは人で埋め尽くされ、グラウンド全体をのみ込むような迫力に「足が震えた」と一塁手の大嶽秀行（千葉県流山市在住）。

1946年
全国中等野球
沼津中先発メンバー

⑤時川　清
⑥中山　寛
④杉本　喜雄
⑦杉山　通三
②平出　善一
①村田　弘
⑧野沢　幸男
⑨露木　義孝
③大嶽　秀行

さらに、真夏とあって白一色。二塁手の杉本喜雄（沼津市在住）は「ボールが見えにくかった」と振り返る。スタンドの威容は沼中ナインの動揺につながり、立ち上がりの守乱を招いた。

　一回裏、いきなり1死二、三塁のピンチに立たされた。3年生エースの村田弘（故人）は動ずることなく、相手の4番打者を内野ゴロに仕留め、三塁走者を本封したが、そのあとの野手の送球が乱れて2点を失った。

　守りのミスから先手を取られたが、くじけることはなかった。二回以降、マウンドの村田は落ち着いた投球で追加点を許さず、攻めては六回、時川清（故人）と杉本の安打などで無死満塁の好機を迎えた。「一打逆転！」。スタンドは沸いたが、踏ん張る愛知商の好投手・木村文也の前に後続が相次いで倒れた。

　絶好機を逸し、0―2で敗れた。だが、立ち上がりを除けば、全く互角に渡り合い、翌日の新聞の戦評に「沼中の健闘をたたえる」とあった。

1946年夏の全国中等野球の大会ポスター㊤と開会式の様子㊦
（沼津東高野球部100周年記念誌から）

〝青バット〟大下が指導

終戦後、5回目の春を迎えた1950年（昭和25年）4月、まだ戦争の傷跡が色濃く残る静岡県に、甲子園から朗報が届いた。学制改革で中等野球から高校野球大会となったセンバツで、韮山が初出場初優勝の快挙をやってのけたのだ。

旧制韮山中時代の46年度。連合国軍による武道禁止令によって、剣道部や柔道部の活動が止められていたため、代わる部活を―と、生徒の間で戦争末期から停止状態だった野球部復活の声が上がった。

行動を起こしたのは元剣道部の大原孝（伊豆の国市在住）、元柔道部の山口順之（故人）、それに土屋義正（故人）らで、社会科教師の広田伝衛（故人）も野球部再興に奔走。これに解散時の剣道部主将、高橋三朗（伊豆市在住）らが加わって、復活野球部が始動した。

顧問教師は広田が務めたが、剣道部出身で野球は素人だった。そこで、野球経験のある鈴木正、鈴木壮泰（ともに故人）の二人の教師が指導に当たった。

広田は指揮を執らなかった。だが、豊富な人脈を生かし、活動を再開した野球部を支えた。大学、社会人、さらにプロ野球関係者に〝臨時コーチ〟を要請したのだ。〝青バット〟で知られた大下弘もその一人。打撃投手まで買って出たといい、戦後のプロ球界を代表する大スターの気さくな指導ぶりは今でも語り草だ。

47年度を迎え、復活後初めて公式戦に挑んだ。春の県スポーツ祭東部予選がその舞台だった。公式戦は4、5年生限定のためメンバーがそろわず、陸上部に助っ人を要請して試合に臨んだ。

1、2回戦は突破したが、準決勝で沼津中（現・沼津東高）と対戦。前年夏の全国大会出場校で「とにかく強かった」（大原）といい、0―23と記録的な大敗を喫した。

次の舞台は35校が出場した、夏の全国大会県予選。2回戦からの登場だったが、今度は富士中（現・富士高）に1―6で屈し、初戦で姿を消した。

学制改革に伴い、「韮山高」が誕生した48年度は1回戦、翌49年度は2回戦と、夏の全国予選は序盤敗退が続いた。しかし、49年度の春の県大会地区予選で準優勝するなど、東部地区では着実に存在感を強め、1年後の大飛躍を予感させた。

部再開直後、対外試合直後に記念撮影＝1947年（韮山高野球部百周年誌から）

韮山高　選抜優勝②

エース熱投、甲子園へ

1949年（昭和24年）夏の県大会後、韮山の新チームがスタート、主将の鈴木直樹（川崎市在住）以下、5人の2年生を主体に、秋の県大会東部予選に臨むと、1回戦で富士を7―3で下した。この勝利が翌春のセンバツ制覇への第一歩となった。

このあとも確実に勝ち抜いて県大会に進出、初戦で静岡城内（現・静岡）と対戦した。静岡城内はその夏の甲子園出場校で、新チームになったとはいえ、強豪に変わりはなかった。その静岡城内に3―0で完封勝ちして勢いに乗ると、準決勝は島田商に2―1で競り勝った。決勝は静岡商を10―1の大差で退けて、初めて県の頂点に立った。

県を突破した韮山は最終関門の東海大会に挑み、執念で春の甲子園出場を引き寄せた。1回戦で宇治山田（三重）を5―1で圧倒し、準決勝で豊橋東（愛知）と顔を合わせた。互いに譲らず3―3で迎えた延長二十回、決勝点をもぎ取って4―3で粘り勝ちした。決勝は、瑞陵（愛知）に0―4で屈した。だが、センバツ出場の必須条件である、決勝進出を果たしたとあって、翌年2月、「決定」の朗報が届けられた。

東海大会で気を吐いたのは、エースの東泉《とうせん》東二（東京都江東区在住）。準決勝は疲れもなんの、一人で最後まで投げ抜き、決勝も当然のようにマウンドに上がった。準決勝で延長20イニングを投げ抜いた直後とあって、さすがに疲れの色は隠せず４点を奪われたが、準決勝までの熱投で甲子園行きを実現させた。

１９２６年（大正15年）８月、静岡中（後の静岡城内、現・静岡）が全国中等学校野球大会を制した。県勢の夏の甲子園優勝は後にも先にもこの１回だけで、県高校球史で輝きを放っている。原動力となったのが、〝小さな大投手〟といわれた上野精三（故人）で、この上野が投手・東泉の育ての親だった。

慶大などの監督を務めた上野は、部再興当初から韮山投手陣の指南役を引き受けていた。部長の広田伝衛（故人）が広い人脈を生かし、指導を要請したのだ。

上野は東京住まい。このため、東泉は主将で捕手の鈴木とともに、日曜日になると東京に足を運んで実績を誇る上野の指導を受け、甲子園優勝投手へ成長していった。

韮山の快進撃を支えた
東泉（左）、鈴木のバッテリー
（韮山高野球部百周年誌から）

緊張解いた監督の一言

学制改革で中等学校野球から高校野球に変わって3年目、1950年（昭和25年）のセンバツ大会は4月2日、甲子園球場で開幕した。

参加16校が勢ぞろいした開会式。初陣の韮山ナインが姿を見せると、「韮崎高校」のアナウンスが流れた。1873年（明治6年）創立と、静岡県内屈指の伝統校だが、全国ではまだ無名の存在で、事前取材でも韮崎と間違えられた。ところが、6日後、「韮山」の名は全国に響き渡ることになる。

全国デビューは開会式翌日の3日、地元の兵庫工との一戦だった。初舞台とあって、選手は緊張感に包まれていた。こわばった教え子たちの表情を見て、監督の内田勝（故人）は試合前、外野を一周してスタンドを見渡すことを指示した。

だが、それでも硬さはほぐれず、堅守の荒木淳（三島市在住）が初回に凡フライをいきなり落球した。何とかピンチを切り抜け、ベンチに戻ったナインに内田はこう言った。「荒木でもエラーするんだから、みんなもしていい」と。

内田は明大出身。大学、社会人野球で活躍した実績の持ち主で、前年から指揮を執っていた。経験に富む指揮官の一言で「ほっとした」と、荒木は野球部創部百周年記念誌で述懐している。

緊張感から解かれ、選手たちに本来の動きが戻った。1点を追う七回、6番の広田直衛（故人）

が右翼手の頭上を破るランニング2ランを放って逆転した。広田は部長を務める広田伝衛（故人）の実弟。相手の右翼手が足を痛めた直後だったというが、貴重な一打であることに違いはなく、快進撃の序章となる一振りであった。

八回にも3点を加え、5―1で初戦を突破した韮山は、続く2回戦（準々決勝）で前評判の高かった八幡（福岡）に挑んだ。八幡は、後に法大や日本代表監督を務めた松永怜一や、プロ野球南海で活躍した森下整鎮《のぶやす》ら好選手を擁し、同じ初陣組ながらV候補の一角に挙げられていた。

韮山は立ち上がりから圧倒された。エースの東泉東二（東京都江東区在住）は一、三回に3安打ずつを浴び、三回までに0―4とリードを許した。「格上だった。あれだけ打たれたのは初めて」と苦しいマウンドを思い起こす。

1950年春の甲子園で晴れ姿を披露する韮山ナイン
（韮山高野球部百周年誌から）

韮山高 選抜優勝④

逆転の連続 決勝は快勝

1950年（昭和25年）、春の甲子園。初戦を突破した韮山は、強豪・八幡（福岡）に苦戦を強いられた。

三回までに4失点、さらに六回、致命的とも思える5点目を奪われた。その裏、2点を返したものの、七、八回は凡退し、3点差のまま九回裏を迎えた。

途中から降り出した雨が激しさを増し、グラウンドは泥田状態。マウンドもぬかるんだが、相手のエースは豪腕の渡辺雅人とあって、そのまま押し切られると思われた。

だが、試合は急展開する。1死一、三塁と食い下がると、荒れたグラウンドが後にプロで活躍する八幡の遊撃手・森下整鎮《のぶやす》の悪送球を呼び、2点差に詰め寄った。さらに、1死満塁と好機を広げ、主将・鈴木直樹（川崎市在住）が左中間を破る同点二塁打を放った。「今でも感触が残っている」という会心の一打だ。

こうなると、追うものの強み。続く遠藤隆三（三島市在住）の一ゴロが敵失を誘い、決勝点をもぎ取った。2—5からの鮮やかな逆転勝利で、初陣ながらベスト4に駒を進めた。

準決勝は前年優勝の北野（大阪）と対戦した。一回に1点を先制したものの、二回にエースの東

1950年選抜決勝 韮山の先発メンバー

⑥荒木　淳
②鈴木　直樹
⑧遠藤　隆三
①東泉　東二
⑦野村源一郎
⑤内田　康哉
③広田　直衛
⑨安田　昌訓
④勝呂　悦郎

泉東二（東京都江東区在住）がつかまって3点を失った。しかし、打線が終盤に奮起、七、八回に

初出場初優勝の快挙。胸のメダルが輝く（韮山高野球部百周年誌から）

3点ずつをたたき出して逆転、7―3で押し切った。

ついに決勝進出。それも、逆転劇の連続で実現させたものだった。だが、高知商（高知）を相手にした決勝の試合展開は一転した。

一回に2点を奪い、立ち上がりから主導権を握った。スロースターターで、決まって序盤に失点してきたエースの東泉も立ち上がりから安定した投球を繰り広げた。

七回には貴重な2点を追加した。4連投の大黒柱も最後まで相手打線を寄せ付けず、4―0の快勝で初出場初優勝の快挙をやってのけた。

「優勝したいとは思ったが、まさかできるなんて考えもしなかった」と鈴木。東海大会から一人でマウンドを守ってきた東泉は、最後の打者を打ち取った時「優勝したことの喜びより、これで終わった―とほっとした思いが強かった」と、栄光の瞬間を振り返った。

静岡商高　選抜優勝①

田所好投、18年ぶり出場

韮山の初出場初優勝の快挙から2年、まだその余韻が残る１９５２年（昭和27年）春の甲子園で、県勢が再び頂点に立った。静岡商である。本県代表の隔年選抜制覇に、戦後の県内野球熱は一気に高まった。

静岡商野球部は１９２８年に誕生した。６年後の34年、選抜に名乗りを上げ、初めて全国舞台を経験した。今でこそ古豪で知られるが、当時はまだ無名の新鋭校。1回戦で愛知の強豪、享栄商（現・享栄）の前に、０―７と一方的に屈した。

36年には夏の代表切符を獲得した。今度は長野商（長野）に27―４と大勝して1回戦を突破。２回戦は京阪商（大阪）に敗れはしたものの、延長十回、４―５の惜敗だった。

52年の選抜優勝チームの監督、鷲野満之助（故人）は34年の甲子園初出場組。二塁手だったが、マウンドにも上がり、一方で主軸打者としても活躍した。

その鷲野に率いられたチームは51年秋、県大会を勝ち抜いて東海大会でも決勝に進出、やはり勝ち上がってきた静岡城内（現・静岡）と対戦した。ここで、エースの田所善治郎（焼津市在住）が好投、４―０で完封して、18年ぶり２度目の選抜出場を引き寄せた。

準決勝までは安定性を欠き、「よく打たれた」

(田所)という。ところが、決勝を境に大きく変身、4カ月後の春の甲子園では全試合完封の離れ業をやってのける。

球威は十分だが、制球難。そんな投手だったといい、小学校時代からのチームメート、橋本喜史(焼津市在住)は「捕りづらいので、田所とキャッチボールをするのをみんな嫌がった」と明かす。

それが、安定感あふれる姿に変身、卒業後、プロ球界に身を投じて、国鉄(現・ヤクルト)で先発陣の一翼を担うまでになる。「理由は分からない。ただ、不思議なことにうまく投げられるようになった」。田所は「不思議」を強調しながら、転機となった一戦を思い返した。

選抜出場が正式決定すると、新戦力が加わった。軟式野球部のエースで4番の横山昌弘(名古屋市在住)だ。軟式から硬式への転部とあって物議を醸したというが、田所一枚の投手力強化のために迎え入れられた。横山は本番での登板はなかったが、中堅手として優勝に貢献した。

東海大会を制し、表彰式後に記念撮影=1951年11月

無安打で奪った決勝点

1952年（昭和27年）の選抜大会は、4月1日に開幕した。参加校は18。前年の覇者・鳴門（徳島）、16度と最多出場を誇る平安（京都、現・龍谷大平安）、好投手を擁した八尾（大阪）などが有力視されていた。

これに対し、静岡商は東海チャンピオンといっても、本大会出場は18年ぶり2度目。知名度も、前評判も高くなかった。選手も控えめだった。「1回だけでも校歌を聞きたい」。二塁手の鈴木基之（東京都小平市在住）は、そんな思いを抱いて大会に臨んだ。

静岡商は2回戦から登場、第3日の第3試合で初出場の函館西（北海道）と対戦した。試合は静岡商・田所善治郎（焼津市在住）、函館西・太田の両右腕の投げ合いで進んだ。

だが、終盤に試合は動いた。互いに譲らず、0―0で迎えた七回表、静岡商は無死満塁のピンチを招いた。ここで、エースの田所が踏ん張った。といっても、「絶対に抑えてやる」といった力みはなく、「いつもと変わらない気持ちで」相手打線と向き合った。

その結果は―。三振で一つ目のアウトを取り、続く打者のスクイズを見破って、飛び出した三走を刺し、スクイズ失敗の打者を遊ゴロに打ち取って、ピンチを切り抜けた―と、当時の記録にある。

ところが、田所の記憶をたどると、2アウト目が事実と異なる。スクイズは見破ったのではなく、相手打者のバットが空を切ったのだという。

1952年の選抜大会入場行進。優勝への一歩を踏み出す＝甲子園球場

勝負を分けた1球は外角低めを突いた、決め球のドロップ。1年後輩の捕手、阿井利治（故人）の要求通りに投じた、会心の1球だった。

窮地を脱した静岡商は、その裏、無安打で決勝点をもぎ取る。主将・松永利夫（故人）の四球を足場に、バントと敵失で1死一、三塁の好機をつかみ、望月教治（焼津市在住）の高く弾んだ一ゴロで、松永が決勝のホームを踏んだ。後は田所がきっちりと締め、1―0で競り勝った。

力で勝負する大リーグで、小技を絡めた和製〝スモールベースボール〟が評価を高めている。バントや抜け目ない走塁でチャンスを広げ、無安打でも本塁を奪う野球は、半世紀以上も前からの静岡商のお家芸だ。続く一戦でも〝静商野球〟が真価を発揮する。

静岡商高　選抜優勝③

鮮やか3連続スクイズ

初戦（2回戦）を突破した静岡商は、ベスト8に進出、準々決勝で平安（京都、現・龍谷大平安）と顔を合わせた。

平安は旧制中学当時から全国舞台の常連校とあって、前評判は高かった。だが、静岡商は臆することなく、強豪に挑んだ。エースの田所善治郎（焼津市在住）は重く、球威十分の直球に、鋭いドロップとカーブを交えて、平安打線に付け入る隙を与えなかった。

攻めては七回、鮮やかなバント攻撃で、打ちあぐんでいた平安の左腕、池戸を一気に攻略する。

攻撃の口火を切ったのは、横山昌弘（名古屋市在住）。2カ月前に軟式から転向したばかりで、打つタイミングが合わず、詰まった当たりが多かったという。それでも、しぶとく三遊間へ内野安打を放って出塁した。

横山の一打を足場に無死満塁と、好機は広がった。1死となったが、ここから意表を突く攻めに出た。服部和男（故人）を皮切りに、阿井利治（故人）、田所の3人が立て続けにスクイズを敢行した。揺さぶり作戦は見事に的中、3点をもぎ取った。後は田所が守り切り、強豪を3―0の完封で退けた。

試合を決めた「3連続スクイズ」は、練習のたまものだった。監督の鷲野満之助（故人）は、バントを重要視し、全員に徹底練習を課した。「不器用で苦手だった」という橋本喜史（焼津市在住）でも、練習といえばまずバントを思い出す。

鷲野は守備にも重きを置き、基本動作の習得に時間を割いた。まな弟子たちはその成果を大会本番で披露。函館西（北海道）、平安戦とも無失策と、力投する田所を堅守で支え、４強の原動力となった。

準決勝の相手は八尾（大阪）。エースの木村保は、早大を経てプロ野球の南海に進み、いきなり21勝を挙げて新人王を獲得したほどの逸材だった。選抜の舞台でも、もちろん評判にたがわない投球を見せ、連続完投で勝ち上がってきた。

田所が申し分ない投球を見せてきたとはいえ、戦前の評価は木村が上回り、試合展開も大方が八尾優位と予想した。だが、「先を見るより、目の前の試合に集中していた」という選手たちは、予想を意に介せず、〝静商野球〟に徹すべく、４強対決に臨んだ。

対平安戦。得意のスクイズ攻撃でまず1点＝甲子園球場

強豪相手、素早い仕掛け

準決勝の静岡商―八尾（大阪）戦は、静岡商・田所善治郎（焼津市在住）、八尾・木村保の両エースの見応えのある投手戦で進んだ。

0―0の均衡を破ったのは静岡商だった。七回、2死から4番の田所が右中間を破る二塁打で出塁すると、橋本喜史（焼津市在住）が右前に痛打して待望の1点を先制した。九回には望月教治（焼津市在住）の右前打を生かし、得意のスクイズ攻撃で決定的な追加点を奪った。

一方、田所は最後まで安定感あふれる投球を繰り広げ、2―0で木村に投げ勝った。

大会前、注目を集めなかったチームが、試合のたびに成長して、決勝に名乗り出た。相手は連覇を目指す、鳴門（徳島）だった。

準決勝まで先制点はいずれも終盤の七回だったが、V決戦は素早く仕掛けた。

一回、先頭の望月が四球で出塁すると、服部和男（故人）がバントで送り、阿井利治（故人）が左前適時打して1点。三回には阿井の安打と、田所の二塁打で1死二、三塁と攻め、続く橋本はスクイズを失敗したが、気を取り直して右前へ運び2点目をもぎ取った。

田所は4日連続のマウンドだったが、「疲れはなかった」と快調に飛ばした。七回に爪が割れた

1952年選抜決勝
静岡商
出場メンバー

⑥望月	教治	(2年)
⑦服部	和男	(3年)
②阿井	利治	(2年)
①田所善治郎		(3年)
⑤橋本	喜史	(3年)
③松永	利夫	(3年)
⑧横山	昌弘	(3年)
④鈴木	基之	(3年)
⑨西村	省次	(2年)
9土屋	隆	(3年)

ものの、動ずることなく2—0で押し切って、4連続完封をやってのけた。

そんな田所の快投を引き出したのは、1年後輩の捕手、阿井だった。田所は全幅の信頼を寄せ、「全てサイン通りに投げていた」と語る。阿井は卒業後、田所の後を追うようにプロ球界に飛び込み、同じ国鉄（現・ヤクルト）のユニホームに袖を通した。

「優勝できたのは90％がバッテリーの力」と、望月はあらためて指摘する。しかし、望月ら守備陣の堅守も光り、バッテリーに加え内野陣もそろって優秀選手に選ばれた。

初の全国制覇にスタンドは沸いた。というのに、「その時のことは覚えていない」と橋本。その橋本が優勝を実感したのは、翌日、静岡駅に降り立ち、歓迎の渦を目の当たりにした時だった。駅頭を埋め尽くした人の波に、甲子園でこぼれなかった涙があふれた。

栄光のナインは、大歓迎の中を提灯《ちょうちん》で飾ったトラックでVパレード。高校日本一の味をかみしめ直した。

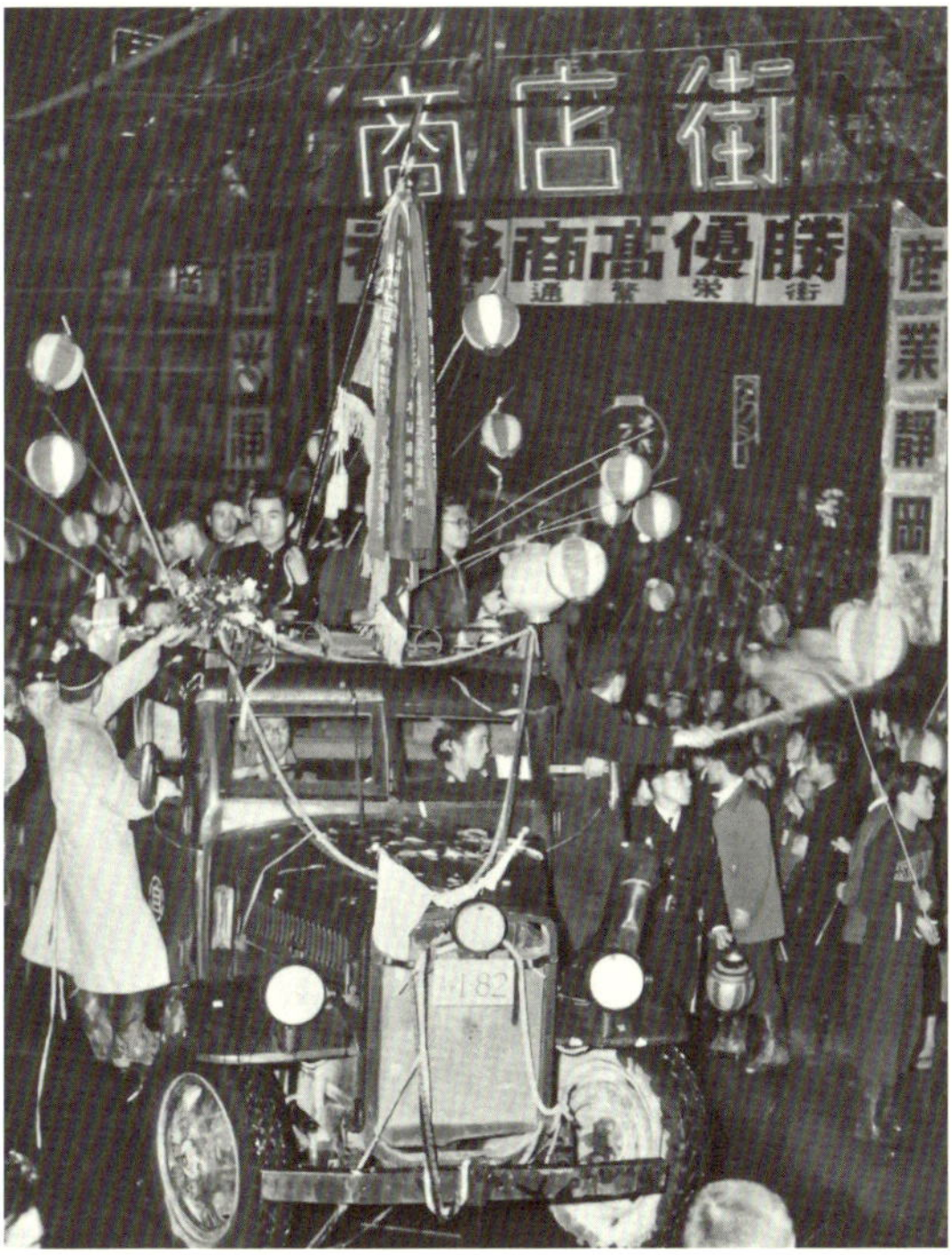

トラックでVパレードする栄光の静岡商ナイン
＝静岡駅前

静岡商高 54年夏準優勝 ①

激戦を通し戦う集団に

1954年（昭和29年）、静岡商が今度は夏の甲子園で光彩を放つ。最後に敗れはしたが、2年前の春制覇に続くV決戦登場に、〝静商野球〟は全国区の存在であることを確固たるものにした。

54年の静岡商には、夏の甲子園連続出場が懸かっていた。ところが、前評判は芳しいものではなかった。

前年の夏、17年ぶり2度目の本大会出場を果たし、ベスト8に駒を進めた。しかし、新チームは足踏みした。秋は県大会に出たが1回戦で敗退し、春は地区予選で姿を消して、県大会にも進めなかったとあれば、低い評価もうなずける。

監督の鷲野満之助（故人）は、チームの浮上を3年生の奮起に託したのだろう。主将の横山敏雄（藤枝市在住）によると、3年生は「下手だ。どうしようもない」と叱咤《しった》し続けられたという。その結果、酷評されて開き直り、3年生だけでなく、チーム全体が一つにまとまって、夏の県大会に臨んだ。

1回戦は中豆農（後の修善寺工）に15―0の五回コールド勝ち。これで勢いに乗り、静岡市商、浜松工、浜松西を連破して4強入り、準決勝で沼津市立と顔を合わせた。

4強対決は、2―1と沼津市立のリードで九回裏を迎えた。後のない静岡商は二塁まで走者を送ったが既に2死。ところが、ここで敵失に恵まれ、二走の川松宏次（静岡市清水区在住）が同点の本塁を踏んだ。「打球を見た時、終わったと思った」という川松は、転がり込んだ同点シーンを鮮明に覚えている。

試合は2―2のまま互いに譲らず、延長十七回日没引き分け、再試合となった。沼津市立は準々決勝も再試合だったため、連投に次ぐ連投のエース安藤治久をはじめ、疲労の色が濃かった。準決勝再試合はそんな相手を序盤から圧倒、4―0で完封勝ちした。

決勝は沼津東を4―0で倒した。沼津東とは山静大会決勝でも対戦、今度は2―1で下して、2年連続3度目の夏の甲子園行きを決めた。

激戦を通し、静岡商は戦う集団としての力を養った。特に目に付いたのは2年生投手、松浦三千男（三島市在住）だった。準決勝の第1戦、エース横山の後を受け十回から登板すると、残りをきっちり封じ込んだのをきっかけに、投手陣の柱に成長した。

1954年夏の県大会を制し、スタンドの前で勢ぞろい＝草薙球場

優勝候補と次々に対戦

優勝候補一番手は中京商（愛知、現・中京大中京）小倉（福岡）泉陽（大阪）。続くのは、高松商（香川）高知商（高知）の四国勢―。以上5校が1954年（昭和29年）夏の甲子園の有力校と目されていた。2年連続3度目の出場を果たした静岡商は、小倉を除く4校と次々に対戦することになる。

甲子園はプロ選手を生む舞台でもある。54年夏はどうだったか。注目を集めていた中京商の中山俊丈、小倉の畑隆幸の両左腕が、それぞれ中日、西鉄に進む。高松商には近鉄入りした関森正治、高知商には大毎、巨人でプレーした須藤豊がいた。

さらに、早実（東京）から榎本喜八が大毎、水戸一（茨城）から玉造陽二が西鉄、新宮（和歌山）から前岡勤也が阪神、米子東（鳥取）から義原武敏が巨人に入った。静岡商では4番の興津達雄（東京都杉並区在住）が広島、捕手の滝英男（故人）と2年生エースの松浦三千男（三島市在住）が阪神のユニホームを着た。

さて、静岡商3度目の夏の甲子園は―。2回戦から登場し、まず高松商と対戦した。前半の流れは良く、四回までに2―0とリードした。ところが六回、松浦が同点2ランを浴び、七回には勝ち越しの1点を与えた。

リードを許したが、土壇場で持ち前の粘りを発揮した。2―3で迎えた九回裏、敵失とバン

快進撃を支えた2年生エースの松浦（右）と主将の横山両投手＝甲子園球場

トで二進した興津が滝の左中間二塁打で生還。続く石川達（大阪府守口市在住）の中前打で滝が本塁を突いた。アウトのタイミングだったが、滝の気迫のスライディングで逆転サヨナラ。劇的な勝利で、ベスト8に駒を進めた。

準々決勝進出は2年連続だった。前年はここで姿を消したため、壁を突き破るべく8強対決に挑んだ。相手は泉陽だった。大阪代表とあって、スタンドの声援は「ものすごかった。ドカーン、ドカーンと響いた」と左翼手の川松宏次（静岡市清水区在住）。

泉陽の大声援はマウンドの松浦にも襲いかかった。だが、動じなかった。もともと気弱で「よくマムシでも食ってこいと言われた」という。ところが、県大会準決勝で対沼津市立と延長再試合の激戦を経験して「くそ度胸がついていた」。大声援が沸き上がるたびに軸足を外し、ゆっくり間を取って泉陽打線と相対した。

静岡商高54年夏準優勝③

投打かみ合い評価上昇

1954年（昭和29年）夏の甲子園。静岡商が準々決勝で対戦した泉陽（大阪）は初出場だった。だが、やはり初めて臨んだ春の甲子園でベスト4まで勝ち上がった実績があり、V候補の一角に挙げられていた。

初戦の高松商（香川）に続き、静岡商は強豪に果敢に挑んだ。2年生ながらエースに成長した松浦三千男（三島市在住）は、四回まで1安打投球を展開。五回に招いた無死一、二塁のピンチも、3者連続三振に打ち取って切り抜けた。

攻めては窮地をしのいだ直後の五回裏、先頭の清水克俊（島田市在住）が右翼線へ三塁打を放った。続く松浦はスクイズ敢行を思わせたが、初球を中前へ痛打して先制点をたたき出した。さらに今度はバントを絡めてチャンスを広げ、内野ゴロでしぶとく2点目をもぎ取った。

松浦はピンチを迎えると、プレートを外しゆっくりと眼鏡を拭くしぐさを繰り返した。そこには、かつて「気が弱い」と評された姿はなく、相手打者の打ち気を巧みにそらす、落ち着き払ったマウンドさばきが目立った。

八回、泉陽の追い上げを許し、1点差に詰め寄られた。しかし、追加点は許さず、2―1の接戦を制して、ベスト4に名乗りを上げた。

「先のことは考えなかった。いつもきょうが最後と思って戦ってきた」と、三塁打で先制点の口火を切った清水。そんなチームが難敵を連破して、上位に勝ち上がった。大きく割れるドロップを武器に、松浦が力強い投球を見せれば、打線もしぶといとあって、「静商手ごわし」との声が高まっていた。

準決勝の相手は、高松商と並ぶ四国の強豪、高知商(高知)だった。評価上昇の静岡商とはいえ、戦前の予想はやはり高知商に分があった。

決勝進出を懸けた戦いは、静岡商・松浦、高知商・片田謙二両投手の投げ合いで始まった。静岡商は二回、守りが乱れ、先制の1点を奪われた。

この1点に苦しめられた。四、五、七回と塁上を埋めながらも、踏ん張る片田を攻め切れず、ゼロを重ねて0―1のまま八回に突入した。試合は大詰めを迎えたが、あきらめないのが静商野球。ここから持ち前のしぶとさを発揮する。

応援席へ勝利のあいさつに走る静岡商ナイン＝甲子園球場

静岡商高54年夏準優勝④

本命の中京商に屈する

「逆転勝利再び」「燃えるファイト」「すごい底力」――。1954年（昭和29年）夏の甲子園、準決勝翌日の各新聞紙面に、静岡商の劇的な勝利を伝える見出しが躍った。

1―0と高知商（高知）リードで迎えた八回裏、静岡商は無死から清水克俊（島田市在住）が幸運な内野安打で出塁した。これが初戦（2回戦）の高松商（香川）戦に次ぐ逆転劇の始まりだった。続く松浦三千男（三島市在住）の中前打と敵失で無死満塁とチャンスは拡大した。

ここで打席に入ったのは、バントの名手といわれた前田嘉治（焼津市在住）。だが、静商ベンチは強攻策に出た。前田は内角高めを痛打して、三遊間を破った。「今でも感触が残っている」快打で、2者を迎え入れた。

さらに、無死一、三塁から三走の川松宏次（静岡市清水区在住）が一走・前田との間で重盗を決め、本塁を陥れた。まさに静商野球の面目躍如。小技で3点目をもぎ取った。

九回表、エースの松浦は1死から走者を背負った。しかし、慌てなかった。ゆっくりと眼鏡をぬぐう、得意の動作で巧みに間を取り、反撃を断ち切って2点差を守り切った。

ついに決勝進出。選手の誰もが「思ってもみな

1954年夏の決勝
静岡商
出場メンバー

⑦川松	宏次	(3年)
H加藤	明	(2年)
9花村	正	(3年)
④前田	嘉治	(3年)
⑥長谷川	則博	(1年)
H野沢	多聞	(2年)
③興津	達雄	(3年)
⑧村松	真司	(3年)
②滝	英男	(3年)
⑨7 石川	達	(3年)
⑤清水	克俊	(2年)
①松浦	三千男	(2年)
1横山	敏雄	(3年)

かった」という頂上決戦の場に立った。

相手は中京商（愛知、現・中京大中京）。本命

準優勝盾を前に、記念撮影する静岡商ナイン＝甲子園球場

であり、順当に勝ち上がってきた。投打に前評判通りの力を発揮していたが、特に目を引いたのは攻撃力だった。準決勝までのチーム打率は3割1分1厘、静岡商の2割2分4厘をはるかに上回っていた。

その強力打線に2年生エースの松浦が果敢に挑んだ。ドロップを決め球に、六回まで無得点に抑えた。だが、疲れが見え始めた七回、2死から2失点。継投策に出た八回にも1点を奪われた。

打線は中京商の左腕、中山に1安打に封じられた。だが、前半は揺さぶりをかけた。特に三回は無死一、二塁と絶好の先制機をつかんだ。ところが、ここでバント失敗。失敗したのはバントの名手の前田だった。「決めていれば流れが変わった」と、悔しさをにじませる。

0―3で屈し、全国制覇は逃した。だが、県民は2年前の選抜優勝と変わらぬ歓迎ぶりで、準Vナインを出迎えた。

清水東３季連続甲子園①

部長稲毛の思いが実現

１９５７年（昭和32年）といえば、１巡目の静岡国体が開催され、静岡県民の多くは〝オレンジ旋風〟に胸躍らせた。

この年の夏、県内高校野球ファンの熱い視線を浴びたのが清水東で、初の甲子園行きを決めた。さらに、翌58年は春夏ともに全国に名乗りを上げ、３季連続の甲子園出場を果たした。県内で３季連続は戦後初。そればかりか、常葉菊川が２００７年（平成19年）春から４季続けて代表の座を射止めるまでの最多連続出場記録だった。

新制高校がスタートした１９４８年、後に県高校野球連盟（高野連）初代理事長となる、稲毛森之助（故人）が赴任した。戦前、掛川中（現・掛川西高）で監督経験のある稲毛は、復活した野球部の再興に乗り出した。稲毛は部長に回ってチームを支え、長野・伊那北から迎え入れられた青木竜雄（故人）が指揮を執った。

新生・野球部は、52年秋の県大会で決勝に駒を進め、浜松北を３―０で下して、初めて県の頂点に立った。東海大会は1回戦で時習館（愛知）に２―４で敗れたが、直後の神宮大会に出場すると決勝に進出、明治（東京）に１―２で競り負けたものの、準優勝旗を持ち帰った。

54年は県スポーツ祭で準優勝し、夏の県大会は４強入りした。さらに55年は春の県大会で初優勝し、東海大会はベスト４と、各大会で実績を残すようになった。

部長の稲毛は赴任当初から甲子園出場に焦点を絞って、チーム強化に取り組んだ。そんな稲毛の目にも、各大会で上位に食い込むまな弟子たちの姿は、実力が備わってきたと映るようになった。

しかし、前評判が高まる一方で、甲子園への壁にはね返される現実に、稲毛は勝負の厳しさを実感。清水東高創立六十周年記念誌の中で「ネット裏記者席から〝万年優勝候補清水東〟の声が聞かれたものであった」と思い起こしている。

といっても、稲毛の甲子園出場に懸ける思いは冷めることはなく、部員を前に「甲子園が修学旅行だ。だから修学旅行はいかなくていい」と口にしていたほどだった。57年夏、稲毛の言葉は現実となり、甲子園の修学旅行が実現する。

1955年春の県大会で初優勝した清水東高ナイン=浜松球場

清水東3季連続甲子園②

掛川西に圧勝、本大会へ

1957年（昭和32年）、清水東は甲子園への道を突き進んだ。

まず、春の県大会。1回戦で浜松西を3―1で退けると、準決勝は島田商を6―0と圧倒。決勝は掛川西を6―1で退けた。

東海大会でも強さを発揮した。まず岐阜（岐阜）に8―0で七回コールド勝ちし、準決勝は宇治山田（三重）を1―0で下した。決勝は掛川西と顔を合わせた。県大会決勝の再戦となった一戦は、立ち上がりに3点を先制、3連投のエース川島正孝（静岡市清水区在住）が掛川西の追撃をかわし、4―3で逃げ切った。

春の県、東海を制し、清水東株は上昇した。「投打に目立つ選手がいたわけではない。だけど、負けなかった」と主軸の一人だった漆畑勝久（静岡市清水区在住）。大型遊撃手の漆畑は明大を経て、プロ野球の広島でプレーした。

夏の県大会も決勝に勝ち上がった。相手は掛川西。3連続の決勝対決は2―3と後れを取った。しかし、山静大会決勝で四たび、ライバルと対戦すると、9―1で圧勝し、初の甲子園出場を決めた。

全国選手権本番は、初陣ながら評価は高かった。山静大会の強打ぶりが注目を集めたためで、

1957年夏の甲子園 対法政二戦 出場メンバー

⑤	村松　広明	（3年）
④	北川　雅司	（3年）
⑧	寺尾　英明	（3年）
⑥	漆畑　勝久	（3年）
①	川島　正孝	（3年）
⑨	山田　茂利	（2年）
②	鈴木　悳夫	（2年）
③	田島　利信	（2年）
⑦	青木　和雄	（3年）

1957年夏、山静大会を制し、初の甲子園行きを決めた清水東。清水駅前での歓迎を受ける

各紙に「優勝候補」の見出しが躍った。だが、「強いなんて思ってもみなかった」というのが、当時のスタッフ、選手の本音だった。

初の晴れ舞台は2回戦からの登場で、法政二（神奈川）と対戦した。部長の稲毛森之助（故人）の記述によると、2、3年前から練習試合で負けたことはなかった―という。

だが、甲子園は勝手が違った。一回、押し出しで先制の1点をもぎ取られ、五回には足を絡めた攻めで決定的な2点を奪われた。打っては法政二の先発、延藤謙吉にいきなり5連続三振を喫するなど、山静大会の強打を再現できなかった。

それでも五回裏、漆畑の左中間二塁打と敵失で無死三塁と反撃に出た。1死後、山田茂利（神奈川県横須賀市在住）が三遊間に痛打。抜けた―と見えたが、相手遊撃手に好捕され、唯一の好機を逸した。

結果は0―3の完封負け。稲毛はこの敗戦を真《しん》摯《し》に受け止め、「出場することだけが目的であってはならないことを教えてくれた」と書き残した。

清水東３季連続甲子園③

センバツでも初戦の壁

１９５７年（昭和32年）、初出場した夏の甲子園から戻り、清水東の新チームがスタートした。甲子園出場組は少なかった。だが、「われわれより力があり、やってくれると思った」と、３年生の漆畑勝久（静岡市清水区在住）は、後を託すチームに手応えを感じ取っていた。

チームの柱は、山田茂利（神奈川県横須賀市在住）―鈴木悳夫《のりお》（故人）のバッテリー。特に、エース山田の存在は光り、中軸打者の岩崎竜弥（静岡市清水区在住）は「山田がチームの全てだった」と言い切る。

山田は１６７センチと小柄ながら、左腕から繰り出す直球とドロップの威力は十分。57年秋の県大会中部予選準決勝で、静岡打線から24個の三振をもぎ取った。当時の奪三振高校記録で、歴代でも３位だ。山田をリードした主将の鈴木悳は、早大を経てプロ野球の東映（現・日本ハム）で活躍した。

その秋の県大会は、中部予選と同様、準決勝で静岡、決勝で静岡商を退けて優勝し、東海大会に進出した。

東海大会は１回戦で伊勢（三重）を５―１、準決勝で享栄商（現・享栄、愛知）を２―１で下し、決勝に進んだ。エースの山田の投球はさえ、伊勢

1958年春の甲子園
対済々黌戦
出場メンバー

⑨鈴木	敏弘	（2年）
④小林	時男	（3年）
①山田	茂利	（3年）
②鈴木	悳夫	（3年）
③岩崎	竜弥	（3年）
⑤渡辺	誠二	（2年）
⑧望月	幸夫	（3年）
⑥小林	延光	（2年）
⑦則竹	教弘	（3年）

から17、享栄商からも14個の三振を奪った。だが、中京商（現・中京大中京、愛知）との決勝は、連投の疲れから失点、打線も沈黙し0―5で屈した。とはいえ、チーム力は高く評価され、初のセンバツ代表の座を射止めた。

58年4月、初めて春の甲子園の舞台に臨んだ。初戦の相手は済々黌《せいせいこう》（熊本）だった。先攻めの清水東は一回、2年生の先頭打者・鈴木敏弘（静岡市清水区在住）の内野安打を足場に、1死満塁と攻めた。ここで、岩崎がスクイズを敢行。ところが、三走の鈴木敏は動かず、本封された。

スクイズの直前、三塁上で鈴木敏は、両手をベルトにやった。両手でベルトに触れるのは、スクイズのサインを確認した際の合図だった。だが、両手が動いたのは無意識であり、「サインは見落としていた」という。

絶好の先制機を逸した清水東は、その裏、守りのミスなどから2点を献上。立ち上がりの攻防で主導権を奪われると、五回にも失点して0―3で完封負け、前年夏に続き、初戦の壁を破れなかった。

1958年春、選抜大会開会式で入場行進する清水東ナイン=甲子園球場

3度目で全国勝利の味

1958年（昭和33年）の選抜大会初戦で敗れた清水東は、春の県大会でも初戦で姿を消した。だが、夏の県大会を迎え、見事に復活する。

2回戦から登場すると、浜名、富士、清水商を下して4強入り。準決勝は沼津市立を5—3で破り、決勝に駒を進めた。

決勝の相手は静岡だった。一、二回とチャンスをつぶしたが、三回、山田茂利（神奈川県横須賀市在住）、鈴木悳夫（故人）の3、4番の連続二塁打で1点を先制。八回には岩崎竜弥（静岡市清水区在住）の左翼線二塁打で、貴重な2点目を加えた。

エースの左腕・山田は、本調子ではなく、毎回のように走者を背負った。だが、決定打は許さず、2—0で完封勝ちした。全国選手権が40回の記念大会で、各県1位校に代表権が与えられたため、V決定の瞬間、3季連続の甲子園行きが決まった。

夏の甲子園が、現在の49代表制になったのは78年。それ以前は単独代表県とブロックで代表の座を争う県が併存、本県は57年まで山梨県と「山静地区」の代表権を競い合った。

さて、記念大会となった58年の全国選手権。参加校が前年までの23校から47校に急増したこと

1958年夏の甲子園
対姫路南戦
出場メンバー

⑦鈴木	敏弘（2年）
④小林	時男（3年）
①山田	茂利（3年）
②鈴木	悳夫（3年）
③岩崎	竜弥（3年）
⑤渡辺	誠二（2年）
⑧則竹	教弘（3年）
⑨奥山	直弘（2年）
9勝又	輝幸（3年）
⑥小林	延光（2年）

1958年夏、静岡大会で優勝し、3季連続全国大会行きを決めて記念撮影
=草薙球場

から、1回戦は甲子園だけでなく西宮球場も舞台となった。清水東はその西宮球場で、八幡浜（愛媛）と初戦を戦った。

試合は0—0の均衡が続いたが、清水東は七回、山田の右前打と鈴木悳の左中間三塁打で1点を奪い、さらに2本のスクイズで2点を加点した。マウンドの山田は切れ味鋭い投球で3安打に抑え、3—0で完封勝ちした。

3度目の全国で味わった初勝利の味。次は甲子園で白星を—と、2回戦に臨み、姫路南（兵庫）と対戦した。

二回に1点を先制したものの、六回、山田がつかまって1—3と逆転された。八回、反撃に出て、鈴木悳の右中間2点二塁打で追い付いた。しかし九回、決勝点をもぎ取られ、3—4でサヨナラ負けした。

「あんなに点を取られたことはなかった」と山田。実は肘痛と闘いながらのマウンドだった。本来の出来なら抑え切る自信はあったというが、腕は振れず、球の切れを欠いて無念の4失点。甲子園での勝利を手中にできなかった。

敗者復活戦の窮地脱す

旧制中学時代の１９２６年（大正15年）8月、静岡中（現・静岡高）が全国中等学校優勝野球大会で初優勝した。２０１２年現在で86年間、夏の甲子園優勝校に静岡県代表の名は刻まれていない。

県勢唯一の優勝校である静岡も、戦後は春、夏の甲子園で初戦敗退が続いた。だが、１９６０年（昭和35年）夏の甲子園は決勝に進出。最後の決戦に敗れはしたものの、見事に復活する。

準Vチームは59年秋に始動し、まず、翌年春のセンバツ大会出場を目指した。遊撃手で主将の石山建一（埼玉県所沢市在住）、田原幹朗（島田市在住）―渡辺尚（静岡市駿河区在住）のバッテリーら、主力組はいずれも春の県と東海、夏の県大会経験者とあって、「今度の静高は強い」と前評判は上々だった。選手たちにも「やれそうだとの思いがあった」と渡辺。

ところが、秋の県大会中部予選で肝を冷やす。勝ち抜き戦準決勝で東海大一に２―３で敗れ、敗者復活戦に回ったのだ。

敗者復活戦でも苦戦を強いられた。２回戦の島田商戦。敗色濃厚となりながら、敵失で５―５に追い付いたところで日没引き分け、再試合となった。仕切り直しの一戦もリードを許す展開だったが、打線が奮起して７―２で逆転勝ちし、何とか中部予選を突破した。

「もう終わったと思った」。1年生で外野手を務めた石田勝広（静岡市葵区在住）は、剣が峰に立たされた島田商との1戦目を実感を込めて振り返った。

窮地を脱して、チームはよみがえった。県大会は1回戦で韮山を5―2、準決勝は沼津東を5―1で退けた。ともに素早く仕掛けて序盤で主導権を握り、そのまま押し切った。決勝は静岡商と対戦すると、16安打をつるべ打って、12―3で大勝した。マウンドを守ったのは田原。力のある直球を武器に、3試合を1人で投げ切った。

例年なら、県大会上位2校はセンバツにつながる東海大会に挑む。ところが、この年の東海地方は9月に伊勢湾台風の直撃を受け、愛知県を中心に甚大な被害を被った。その影響で東海大会は中止された。だが、静岡は県大会の実績や練習試合の内容が高く評価され、代表校の一角に食い込んだ。9年ぶり、10度目の春の甲子園だった。

1959年春の東海大会を制した静岡ナイン。秋からの主力メンバーも顔をそろえていた

静岡高60年夏準優勝②

9年ぶり春は初戦惜敗

１９６０年（昭和35年）春の甲子園で、静岡の注目度は高かった。前年秋の県大会で圧勝したり、練習試合で評判の好投手、渡辺泰輔を擁する慶応（神奈川）を破ったりしたことで、評価が高まっていたのだ。

しかし、春は9年ぶり、夏を含めても全国舞台は4年ぶり。主将の石山建一（埼玉県所沢市在住）以下、甲子園は未経験とあって、選手たちは「初出場と変わりはない」との思いが強く、優勝候補といわれても実感は湧かなかったという。

1回戦の相手は、やはり有力校と目された平安（京都、現・龍谷大平安）だった。V候補対決と話題を呼んだ戦いは、緊迫した展開で進んだ。

1960年春の甲子園
平安戦
出場メンバー

⑥石山	建一（3年）
⑨大村	雅史（3年）
⑤大塚	恭弘（3年）
①田原	幹朗（3年）
②渡辺	尚（3年）
③横山	弘（3年）
④花城	政夫（3年）
⑦佐野	隆一（2年）
⑧塩谷	武夫（3年）

先手を取ったのは先攻めの平安。一回、静岡のエース、田原幹朗（島田市在住）の立ち上がりを攻め、素早く2点を先制した。

静岡は五回、四球の花城政夫（静岡市駿河区在住）を佐野隆一（北海道在住）の左中間三塁打で返し、1点差に詰め寄った。六回に3点目を奪われたが、七回、二盗の花城を、佐野が今度は中前へ痛打して迎え入れ、再び1点差に詰めた。

さらに2―3で迎えた九回、佐野の3本目の適時打で追い付き、延長に持ち込んだ。だが、粘りもここまで。延長十回に2点をもぎ取られ、

3—5で惜敗した。

田原は、肩の痛みと闘いながらの投球だった。

1960年の選抜大会開会式。静岡にとって9年ぶりの春の甲子園だった

それでも懸命に踏ん張ったが、最後に力尽きた。「甲子園から帰ってきたら、キャッチボールもできなかった」と、無念のマウンドを思い起こした。田原は春の県大会から外野手に転向、打力と足を生かしてチームに貢献する。

静岡は、戦前の旧制中学時代に優勝経験を持つ古豪だ。しかし、戦後の甲子園での勝利から遠ざかっていた。新制高校が誕生した48年夏に1勝したが、翌49年夏から出場するたびに初戦で姿を消し、60年春で初戦敗退は6大会連続に伸びてしまっていた。

「どうしても甲子園で勝ちたかった」と、捕手で中軸の渡辺尚（静岡市駿河区在住）は当時の思いを口にする。春の県大会は4強止まりだったが、田原からバトンを受けた石田勝広（静岡市葵区在住）を新エースに、甲子園での勝利を目指し、夏に挑んだ。

県優勝決めたスクイズ

選抜大会で初戦敗退した１９６０年（昭和35年）の静岡ナインは、春の借りを返すべく、夏の甲子園出場を懸けて、県大会に挑んだ。

初戦で敗れたものの、春の選抜経験はチームを成長させていた。１回戦から危なげない試合内容をみせて、ベスト４に進出。準決勝は沼津東を９―０の大差で退けた。

決勝は静岡商と対戦した。V決戦が〝静岡ダービー〟とあって、スタンドには1万人が詰め掛け、試合前から熱気に包まれた。

静岡は０―０で迎えた三回、１死満塁の好機をつかんだ。ここで、打席に入った稲葉保（藤枝市在住）に、監督の高木容平（故人）はスクイズのサインを送った。高木は選抜後、それまで采配を振ってきた田口一男（故人）の後を受け、ベンチを預かった。

稲葉は指揮官の指示に応えた。内角高めの球を一塁線に鮮やかに転がして、貴重な1点をもぎ取った。

この1点を背に、新エースの石田勝広（静岡市葵区在住）が好投。伸びのある直球に、鋭いカーブ、シュートをまじえて、しぶとい静岡商打線を3安打に封じ、１―０で完封勝ちした。石田は1回戦から6試合をほとんど1人で投げ切り、

1960年夏
静岡大会決勝
出場メンバー

⑦花城	政夫	(3年)
④稲葉	保	(2年)
⑥石山	建一	(3年)
②渡辺	尚	(3年)
⑨佐野	隆一	(2年)
⑧田原	幹朗	(3年)
③横山	弘	(3年)
⑤大塚	恭弘	(3年)
①石田	勝広	(2年)

失点はわずかに2、春に続く甲子園出場の原動力となった。

夏の本大会出場は13度目。古豪と称されたが、春、未勝利に終わったことから、まず1勝を―と、足元を見据え、謙虚に本番の舞台に臨んだ。

1回戦は大社（島根）と対戦、立ち上がりの攻防で試合の大勢を決した。

一回表、先頭・花城政夫（静岡市駿河区在住）の遊撃内野安打に、稲葉のバントと敵失を絡め、無死一、三塁と攻め立てた。ここで、石山建一（埼玉県所沢市在住）が右犠飛を放ち、すかさず1点を先制した。

その裏、遊撃手の石山に「入神の技」と報じられた超美技が飛び出した。「飛びついたら（グラブに）入っていた」といい、「まぐれ」を強調するが、中前打と思えた強打を好捕して、大社の反撃の芽を断ち切った。

マウンドの石田も好投し、1安打投球を披露した。結果は2―0の完封勝ち。静岡は48年夏以来、戦後2度目の甲子園勝利を味わった。

1960年夏の甲子園出場を決め、記念撮影＝草薙球場

静岡高60年夏準優勝④

石田の右腕が原動力

1960年（昭和35年）夏の甲子園。〃初戦の壁〃を突破した静岡は、上昇気流に乗った。

2回戦は、春の甲子園で準決勝に進んだ秋田商（秋田）と対戦した。秋田商はセンバツ4強の立役者になり、〃小さな大投手〃といわれた今川敬三を擁していた。静岡のエース、石田勝広（静岡市葵区在住）は、その今川を上回る投球を見せ、2安打に封じ込んだ。

打っては、花城政夫（静岡市駿河区在住）と稲葉保（藤枝市在住）の1、2番コンビが気を吐いた。五回、2死から花城が右中間三塁打を放つと、稲葉が外角カーブを右前へ痛打して先制点をたたき出した。結局、この得点が決勝点となり、1―0で競り勝った。

準々決勝の相手は北海（北海道）。2―2で迎えた八回、主将・石山建一（埼玉県所沢市在住）の左中間三塁打で決勝点を奪い、3―2でベスト4進出を決めた。

決勝進出を懸けた一戦は、強打の徳島商（徳島）と顔を合わせた。石田の投球はこの試合もさえ、先制点を与えながらも強力打線を1点に抑えた。石田の頑張りに応えようと、打線も奮起。小技を絡めたしぶとい攻めで、六、七、八回に1点ずつをもぎ取り、3―1で逆転勝ちした。

**1960年
夏の甲子園
登録メンバー**

⑦	花城	政夫
④	稲葉	保
⑥	石山	建一
②	渡辺	尚
⑨	佐野	隆一
⑧	田原	幹朗
③	横山	弘
⑤	大塚	恭弘
①	石田	勝広
補	藤波	慎一
	塩谷	武夫
	大村	雅史
	石田	強
	山田	幸司

準優勝盾を先頭にグラウンドを1周する静岡ナイン＝甲子園球場

1926年（大正15年）以来、34年ぶりの決勝進出。原動力は石田の右腕だった。直球の伸び、カーブ、シュートの切れとも申し分なかったが、何より光ったのは制球力で、捕手・渡辺尚（静岡市駿河区在住）が構えるミットに、寸分狂わず投げ込んだ。

優勝は法政二（神奈川）と争った。法政二は、巨人入りしたエースの柴田勲をはじめ、的場裕剛、高井和男ら後にプロ球界に進む5人を軸に、強打は際立っていた。

「石田対法政二打線」が、V決戦の見どころといわれたが、石田は一人で投げ抜いてきたため、疲れの色は隠せなかった。前半こそ要所を抑えたが、五回に1点、六回に2点を奪われた。打線は「初めて直面した」（花城）という柴田のスライダーに手を焼き散発3安打。0—3で完封負けした。

最後の決戦には敗れた。しかし、大会を通した戦いぶりは高く評価され、石田—渡辺のバッテリーと遊撃・石山の3人がベストナインに選ばれた。

掛川西 64年夏開幕戦再試合①

予選1回戦に全力注ぐ

東京五輪ムードが高まる中で迎えた1964年（昭和39年）夏の甲子園。球趣はいきなり最高潮に達した。開幕戦で激突した本県代表の掛川西と熊本代表の八代東が、互いに18個のゼロを重ねても相譲らず、再試合で雌雄を決することになったからだ。

夏の県大会は70校が甲子園を目指し、掛川西は第5シードで臨んだ。大会規定により、春の県大会1、2位の興誠商（現・浜松学院）、沼津商が第1、2シード、センバツ出場の浜松商が第3シードとなり、第4～8シードは抽選で決まった。

掛川西は春の県大会西部予選初戦（2回戦）で浜松北に3―11と大敗した。というのにシード校に選ばれたのは、練習試合で強豪校を相次いで倒していたことが評価されたからにほかならない。

ベンチを預かったのはOBの菅沼安規男（故人）。55年から5年間、監督を務めた実績があり、5年ぶりの指揮官復帰だった。

チームは、まず榛原との1回戦に全力を注いだ。62、63年と2年連続1回戦敗退の屈辱を味わったためである。試合は投打に榛原を圧倒した。2年生エースの左腕、山崎道夫（浜松市中区在住）

1964年夏の県大会決勝出場メンバー

⑥結城	和彦（2年）
④原田	精夫（3年）
⑧戸塚	能之（2年）
⑨鈴木	健司（3年）
⑤鈴木	憲行（2年）
①山崎	道夫（2年）
⑦伊藤	克己（3年）
③鳥居	茂男（3年）
②鈴木	久栄（2年）

が無安打投球を展開すれば、打線も7点をたたき出し、7—0で八回コールド勝ちした。

3年ぶりの初戦突破で、チームは勢いに乗った。2回戦は磐田商（現・磐田西）を4—1、3回戦は浜名を2—1、4回戦は三島南を4—1で退けてベスト8に進出、準々決勝は静岡商に5—0で完封勝ちした。さらに、準決勝は東海大一に2—1で競り勝ち、決勝に駒を進めた。

マネジャーを務めた中村十三夫（掛川市在住）によると、チームの合言葉は「マイペースで行こう」。当時、流行していたビールのコマーシャルを活用したもので、気負いすぎることなく、リラックスして大会を乗り切ることにつながった。

決勝の相手は大会参加3年目の清水工だった。有力校が次々と姿を消す中、清水工は伏兵ぶりを発揮して勝ち上がってきた。

気鋭校が相手だったが、ペースを乱すことはなかった。山崎は終始、安定した投球をみせれば、打線も着実に加点して4—1で勝利を収め、26年ぶり2度目の夏の甲子園へ名乗りを上げた。

1964年夏、甲子園行きを決め応援席前で記念撮影＝草薙球場
（掛中・掛西高野球部百年史から）

掛川西 64年夏開幕戦再試合②

両エース好投、ゼロ行進

「実は、つらい作業が待ってるんだ」。全国への出場権をつかんだ直後、ある監督のこんなつぶやきを漏れ聞いたことがある。

夏の大会のベンチ入りメンバーは、現在、県大会が20人なのに対し、甲子園は18人。掛川西が26年ぶりに甲子園行きを決めた1964年（昭和39年）当時、県大会が18人で、甲子園は14人にすぎなかった。

ベンチ入りするメンバーの発表は、裏を返せば、スタンド応援に回らざるを得ない選手たちへの登録外通告でもある。これが、件《くだん》の監督が口にした「つらい作業」なのである。

掛川西を率いた菅沼安規男（故人）も、苦渋の決断を強いられたに違いない。部長の堀内勲（焼津市在住）らと相談のうえ、甲子園登録メンバー14人を決定した。その結果、主将変更も余儀なくされ、鈴木健司（浜松市浜北区在住）が新リーダーに選ばれた。

8月7日の抽選会で、新主将の鈴木が引き当てたのは、9日の開会式直後の一戦だった。相手は初出場の八代東（熊本）と決まった。開幕戦と分かった時、鈴木は「いきなりか」と身が引き締まったという。

午前10時30分、開会式の熱気がそのまま漂い、

1964年夏の甲子園登録メンバー

①	山崎	道夫	（2年）
②	鈴木	久栄	（2年）
③	鳥居	茂男	（3年）
④	原田	精夫	（3年）
⑤	鈴木	憲行	（2年）
⑥	結城	和彦	（2年）
⑦	伊藤	克己	（3年）
⑧	戸塚	能之	（2年）
⑨	鈴木	健司	（3年）
補	鈴木	文隆	（3年）
	西野	忠広	（3年）
	水野	雄司	（2年）
	松井	真咲	（3年）
	川島	富雄	（1年）

満員のファンが見詰める中で試合は始まった。相手は初出場だが、掛川西も夏の甲子園は26年ぶり。2年生エースの山崎道夫（浜松市中区在住）

1964年、26年ぶりの夏の甲子園で入場行進する掛川西
（掛中・掛西高野球部百年史から）

は「初出場と同じようなもの。だから、負けてもともと」と受け止め、気負うことなくマウンドに上がった。

試合は掛川西・山崎、八代東・池田純一の両エースの投げ合いで進んだ。山崎が左腕から制球十分の直球、カーブ、シュートを小気味よく投げ込めば、池田は本格派右腕の前評判にたがわぬ投球を披露した。

互いに譲らぬ攻防は、0―0のまま延長にもつれ込んだ。延長十一回表、八代東は2死一塁から四番の池田が右中間を深々と破った。一塁走者は勇躍ホームイン、0―0の均衡を破ったかに思えた。ところが、打球はワンバウンドしてラッキーゾーンへ。エンタイトル二塁打となり、本塁を踏んだ走者は三塁に戻された。

打球が右中間を抜けた時、誰もが失点を覚悟したという。しかし、掛川西は今はないラッキーゾーンに救われ、ピンチを脱した。

掛川西 64年夏開幕戦再試合③

攻守に山崎援護、初勝利

１９６４年（昭和39年）夏の甲子園。開幕戦で渡り合った掛川西と八代東は、互いに最後まで譲らなかった。

掛川西・山崎道夫（浜松市中区在住）と八代東・池田純一の両エースは、得点圏に走者を背負っても、決定打を許さなかった。マウンドを死守する２人の投げ合いに、スコアボードにゼロが並んだ。

山崎は熱投を振り返り、「掛中・掛西高百年史」にこう記している。「ただ夢遊病者の如《ごと》く投げ続けた」と―。そんな山崎がベンチに戻るたびに、監督の菅沼安規男（故人）がよく冷えたタオルと水を手に出迎えた。監督の心づくしを、「何ともいえなく最高であった」と受け止めた。

延長十八回、３時間35分に及ぶ攻防は０―０のままゲームセット、大会規定により引き分け、再試合となった。両投手の投球数は池田が１８７、山崎は２２１を数えた。

延長十八回引き分けは、板東英二、村椿輝雄両投手が投げ合った58年の準々決勝「徳島商―魚津」以来だが、開幕戦では史上初だった。現在の延長は十五回で打ち切られる。

翌朝８時30分に始まった再試合は、前日のゼロ行進から一転、いきなり点を取り合う展開となった。

先手を取ったのは八代東。一回表２死一塁、エースで四番の池田が左翼ラッキーゾーンへ２点本塁打を打ち込んだ。池田は卒業後、プロ入りすると、持ち前の打力を生かして外野手に転向、阪神で活躍した。掛川西はその裏、すかさず反撃した。先頭の結城和彦（掛川市在住）の四球を足場に、連投の池田を早々と攻略、２番手も攻めて３―２と逆転した。

五回は鈴木健司（浜松市浜北区在住）のスクイズと、鈴木憲行（磐田市在住）の中前適時打で２点、七回には鈴木憲が今度は二越え適時打してダメ押しの１点を加えた。守備陣も健闘した。左翼手の伊藤克己（森町在住）が超美技を披露し、力投する山崎をもり立てた。

山崎は立ち上がりこそ球威を欠いた。だが、その後は連投の疲れを感じさせない投球を展開。二回以降は１安打に封じて追加点を与えず、６―２で完投勝ちした。

再試合の末につかんだ勝利。それは、掛川西にとって甲子園での初白星でもあった。

1964年大会の開幕戦。延長18回もゼロに抑え、ベンチ前に集まる掛川西ナイン
=甲子園球場（掛中・掛西高野球部百年史から）

掛川西 64年夏開幕戦再試合④

「力を出し切った」36回

「岩根こごしき天守台…」。１９６４年（昭和39年）８月10日、甲子園球場に掛川西の校歌が流れた。38年夏、61年春と過去２度、甲子園の土を踏んだが、ともに初戦で姿を消した。このため、甲子園で初めて披露される校歌だった。

再試合ともつれた八代東（熊本）との開幕戦。前日の延長十八回に続き、２戦目も投げ切った山崎道夫（浜松市中区在住）の耳に、校歌は心地よく響いた。13番まである長い校歌だが、それぞれの歌詞は４行ずつと短い。甲子園で流れるのは１番限定とあって、山崎は「すぐ終わってしまって」と物足りなさも感じた。

再戦勝利から５日、あらためて校歌を―と、掛川西ナインは平安（現・龍谷大平安、京都）との２回戦に臨んだ。平安は捕手で４番の衣笠祥雄を筆頭に、エースの植木一智、一塁手の梅村好彦と、後にプロ球界に飛び込む３選手を擁し、有力校の一角に挙げられていた。

難敵と相対した掛川西は二回、守りのミスから１点を失った。しかし、その裏、１死満塁と果敢に反撃、山崎と結城和彦（掛川市在住）の連続スクイズで３―１と逆転した。

「いけるぞ！」。２千人で埋まった掛川西応援席のボルテージは上がった。ところがエース左腕の

1964年夏の甲子園
平安戦
出場メンバー

⑥結城	和彦（2年）
④原田	精夫（3年）
⑧戸塚	能之（2年）
⑤鈴木	憲行（2年）
⑨鈴木	健司（3年）
⑦伊藤	克己（3年）
③鳥居	茂男（3年）
②鈴木	久栄（2年）
①山崎	道夫（2年）
1鈴木	文隆（3年）
H川島	富雄（1年）

山崎は左手親指のマメをつぶし、苦心の投球を

静岡新聞 （第三種郵便物認可） 第8238号 （8）

第46回全国高校野球 第7日（15日）

掛川西、無念の涙のむ

二回の逆転もフイ

山崎打たれ、平安に惜敗

▽第二試合

平安（京滋）	012	101	000		5
掛川西（静岡）	030	000	000		3

▽三塁打 鈴木久 ▽二塁打 衣笠2、鈴木憲

▽試合時間 2時間3分

掛川西・平安戦 二回裏掛川一死満塁の好機に山崎のスクイズバントが成功、三塁走者伊藤生還、1点をいれる。捕手衣笠、主審大橋（甲子園球場で）電送

ベスト8出そろう

きょう準々決勝

早鞆、

接戦の末、平安に敗れた一戦を報ずる1964年8月16日付の静岡新聞

強いられた。三回に2点、四回に1点をもぎ取られて逆転を許す。さらに六回、5点目を失って無念の降板を余儀なくされ、鈴木文隆（静岡市清水区在住）にマウンドを譲った。

打線は立ち直った平安の左腕、植木に苦しんだ。それでも再三、得点圏に走者を送り、最後まで反撃を試みた。3—5で迎えた九回、2死から鈴木久栄（千葉県松戸市在住）が右中間三塁打を放って食い下がった。だが、追い上げも届かず、押し切られた。

春の県大会は西部予選で姿を消しながら、夏の甲子園の舞台に立った掛川西。打線の中軸を担った鈴木憲行（磐田市在住）は、2回戦敗退を「悔しい」と受け止める一方で、「力を出し切った」との思いが込み上げてきたと思い返す。

2回戦で姿を消した。しかし、4試合分、36イニングを戦い抜いた、64年夏の掛川西は高校球史に深く刻まれている。

静岡商高68年夏準優勝①

再起へ練習漬け夏休み

1968年（昭和43年）夏、〝静商野球〟が再び輝いた。頂点にこそ立てなかったものの、14年ぶりに甲子園でV決戦の舞台を踏んだのだ。

1年前の67年夏の県大会。静岡商は前年度優勝校として臨みながら、1回戦でシード校の清水工に1―8と大敗した。1回戦敗退は戦後初、屈辱的な敗戦だった。だが、この手痛い黒星こそが1年後の飛躍の原点であり、OB監督の橋本勝策（焼津市在住）は「負けから学んだ」と振り返る。

橋本が監督に就任したのは66年秋。26歳の若さだったが、専大―電電信越（現・NTT信越）での選手実績が買われ、声が掛かった。52年の選抜大会を制したチームの主軸、橋本喜史（焼津市在住）は実兄に当たる。

56年に静岡商の門をたたいた橋本は、甲子園の土を踏めぬまま卒業した。52年の春優勝、54年の夏準優勝と静商野球が全国区の存在になった直後とあって、甲子園に出場できないことは屈辱以外の何ものでもなかった。「だから、選手たちに惨めな思いをさせたくない」。橋本はその一心でチームを率いた。

ところが、指揮官として初めて挑んだ夏の県大会でいきなり大敗。再起すべく、橋本が打った手は鍛え抜くことだった。

動きは速かった。清水工との試合が終わると、選手たちを敗戦の場の草薙球場から母校グラウンドに直行させ、そのまま新チーム始動を命じた。

この日から夏休みが終わるまで約40日間、練習は休みなく続けられた。副主将を務めた佐藤昇（静岡市清水区在住）によれば、「きつかった。しかし、やらなければと思っていた。それより何より、監督さんの熱意が伝わってきた」といい、新チームは再起を期して、練習漬けの過酷な夏を乗り切った。

再スタートを切った新チームは、地区予選を勝ち抜き、翌春の甲子園につながる、10月の秋の県大会に挑んだ。1回戦は富士宮北と対戦、延長十六回、4―3でサヨナラ勝ち。浜松工との準決勝は序盤に2失点。前日、十六回を投げ切った増田達郎（藤枝市在住）は三回以降、追加点を許さなかったが、打線が沈黙し、0―2で押し切られた。

春の甲子園への道を断たれた。だが、新たな挑戦へのスタートでもあった。

1967年夏の県大会開会式で前年優勝校として入場行進した静岡商＝草薙球場

静岡商高68年夏準優勝②

降雨再試合で窮地脱す

再起を懸けて1968年（昭和43年）のシーズンを迎えた静岡商だが、出だしでいきなりつまずいた。春の県大会中部予選の初戦（2回戦）で焼津水産の下手投げの好投手、鶴橋鉄行を打てず、0―1で完封負けを喫したのだ。

前途多難を思わせる敗戦と映ったが、チームに焦りはなかった。練習試合で強豪校を相手に好実績を残していたからだ。

この年、春の甲子園で大宮工（埼玉）が初出場初優勝の快挙をやってのけた。その大宮工と練習試合での対戦が実現し、埼玉に遠征した。結果は1勝1分け。選抜優勝校を圧倒した遠征を通し、監督の橋本勝策（焼津市在住）は夏に向けて「やれるぞ」との手応えをつかんだ。

大宮工と互角以上に渡り合ったことは、主将の戸塚達（故人）以下、ナインにも自信を植え付けた。「貴重な経験。自信になった」と副主将の佐藤昇（静岡市清水区在住）。

春の県大会は振るわなかった。しかし、練習試合で大きく勝ち越したことが評価され、夏の県大会は5番目のシード校に選ばれた。

こうして甲子園への戦いが始まり、1回戦は袋井商を七回コールド、7―0で退けた。この試合で、1年生左腕の新浦寿夫（野球解説者）が

**1968年
夏の県大会決勝
出場メンバー**

④青木	久	（3年）
⑧佐藤	昇	（3年）
⑨藤波	行雄	（2年）
③小泉	寛治	（3年）
⑤松島	英雄	（2年）
⑦戸塚	達	（3年）
⑥池田	貴祐	（2年）
6寺門	真司	（3年）
②鈴木	五郎	（2年）
①新浦	寿夫	（1年）

2年ぶり6度目の夏の甲子園行きを決め、グラウンドを1周する静岡商ナイン
＝草薙球場

2安打、10奪三振と好投した。

　新浦は冬場に持ち前の球威と切れに磨きをかけ、エースとして夏の戦いに臨んだ。前年度1年間、定時制に籍を置き、全日制に再入学したため、登録上は1年生だが、高校生活は2年目だった。

　2回戦で磐田商（現・磐田西）、3回戦で静岡農を退け、4回戦で静岡東と対戦した。1―3とリードを許した四回途中、激しい雨に見舞われてノーゲーム。再試合を7―3で制し、際どく8強入りした。選手の多くが「ノーゲームにならなかったら」と負けを覚悟した一戦だった。

　降雨を味方に窮地を脱すると、後は危なげなく勝ち抜いた。準々決勝は浜松商を4―1、準決勝は焼津水産を6―1で退けた。焼津水産戦は春の中部予選で完封された鶴橋との再戦だったが、同じ轍《てつ》は踏まなかった。

　浜松北と対戦した決勝は、得意のバント攻撃を生かして確実に加点した。マウンドの新浦も1安打、11奪三振と申し分ない投球を展開。4―0と快勝し、2年ぶり6度目の夏の甲子園出場を決めた。

静岡商高68年夏準優勝③

新浦、初の大舞台で快投

1968年（昭和43年）、2年ぶりに夏の甲子園の土を踏んだ静岡商は、投打に持ち味を発揮して白星を重ねた。

1回戦の相手は伊香（滋賀）。先発のマウンドを担った新浦寿夫（野球解説者）は立ち上がり制球を乱し、1死一、二塁のピンチを招いた。だが、ここを切り抜けると、二回からは快調に飛ばした。九回を投げ切り2安打、15奪三振。完璧な内容で、成長ぶりを全国に披露した。ただ、本人は「成長したかどうかは、周りが判断すること。言われたことをやっていただけ」とマウンドに集中していたことを強調する。

女房役の鈴木五郎（焼津市在住）は「高校生なら90パーセントは打たれない。そう信じて」ミットを構えた。球種は直球とカーブだけ。だが、「それだけで十分」（鈴木）であり、新浦株は上昇の一途をたどった。

試合は中盤で決着した。静岡商は四回、2死から松島英雄（プロ野球DeNAスコアラー）戸塚達（故人）寺門真司（静岡市清水区在住）の3連打と敵失で2点を先制。五回に藤波行雄（野球解説者）の左前適時打、六回には寺門の2本目の左前適時打で1点ずつを加え、後は新浦が伊香打線を封じ込んで、4－0で押し切った。

**1968年
夏の甲子園
登録メンバー**

①新浦	寿夫	(1年)
②鈴木	五郎	(2年)
③小泉	寛治	(3年)
④青木	久	(3年)
⑤松島	英雄	(2年)
⑥寺門	真司	(3年)
⑦戸塚	達	(3年)
⑧佐藤	昇	(3年)
⑨藤波	行雄	(2年)
補増田	達郎	(3年)
菊地	信司	(3年)
秋山	広志	(2年)
宇佐美	哲	(2年)
池田	貴祐	(2年)

2回戦は浜田（島根）と顔を合わせた。この一戦は、得意の小技戦法が光った。

二回、小泉寛治（故人）が中越え三塁打すると、松島がスクイズを決めて素早く1点を先制。四回は1死二、三塁から寺門のスクイズで一気に2人が本塁を陥れた。五回には、敵失出塁の青木久（静岡市駿河区在住）がすかさず二盗、佐藤昇（静岡市清水区在住）が左前打で続き、藤波がきっちり左犠飛を放って、決定的な4点目をもぎ取った。

新浦はやや制球を欠き、四回に1失点した。だが、後は要所を押さえ、4―1で完投勝ちした。

3回戦は高松商（香川）を相手に、14―0と大勝した。一回、小泉の2ランで先手を取った。その後、攻めあぐんだが八回、打者15人の猛攻で大量11点を奪い、九回にも1点を加えた。新浦の投球もさえた。許した安打は七回の1本だけ。快速球で押し、完封した。

3試合で22点をマークし、失点はわずかに1。圧倒的内容で8強入りした。

第50回
全国高校野球
第4日（12日）

静岡商、伊香に快勝

中盤の好機を確実に生かす

新浦 15三振奪う好投

◇1回戦（2時21分、四万）

静岡商（静岡）	000	211	000	4
伊香（滋賀）	000	000	000	0

試合経過

静岡商の1回戦快勝を伝える1968年8月13日付静岡新聞

「1点取る攻撃」に評価

1968年（昭和43年）夏の甲子園で、8強入りした静岡商は、3回戦までの3試合で22点をマークした。大量点から豪打のチームをイメージさせるが、実はバントを駆使し、監督の橋本勝策（焼津市在住）がこだわる「1点を取る野球」に徹した結果だった。

8校に絞られた後半の戦いもバント戦法が威力を発揮した。

準々決勝の秋田市立（秋田）戦。一回無死一、二塁から藤波行雄（野球解説者）のバントでチャンスを広げ、小泉寛治（故人）のスクイズで素早く1点を先制した。三回は左前打の新浦寿夫（野球解説者）が、青木久（静岡市駿河区在住）のバントで二進し、藤波の内野安打と敵失で生還した。

さらに五回、佐藤昇（静岡市清水区在住）の左中間三塁打と藤波のスクイズで2点。七回にも松島英雄（プロ野球DeNAスコアラー）のスクイズで1点、とバント戦法で得点を重ね、5―1でベスト4進出を決めた。

倉敷工（岡山）との準決勝も、バントがさえた。二回、1死二、三塁から寺門真司（静岡市清水区在住）のスクイズで1点。三回にも1死一、三塁で藤波がスクイズを決め、1点を加点した。

**1968年
夏の甲子園決勝
出場メンバー**

④青木　久（3年）
⑧佐藤　昇（3年）
⑨藤波　行雄（2年）
③小泉　寛治（3年）
⑤松島　英雄（2年）
⑦戸塚　達（3年）
⑥寺門　真司（3年）
②鈴木　五郎（2年）
①新浦　寿夫（1年）

藤波は外角高めに大きく外されながらも、飛びついてバットに当てた。日々のバント練習を通し、外された際の対応策を身につけていたといい、「成功はその集大成」と藤波。

準優勝盾を先頭にグラウンドを1周する静岡商ナイン＝甲子園球場

エースの新浦は2点を背に力投、2—0で押し切って、1、3回戦に続く3度目の完封勝ちを収めた。

決勝は興国（大阪）と対戦した。試合は新浦、興国・丸山朗の投げ合いで進み、0—0のまま五回の興国の攻めを迎えた。

1死一塁からの1打は投前へ。併殺だ—と思われた瞬間、ゴロを処理した新浦は一塁へ送球、二塁に走者が残った。この直後、適時打を浴び、1点を失った。打線は右下手から巧みに球を散らす、丸山にかわされ無得点。0—1で敗れた。

「あれ（二塁送球）は自分のミス」と、新浦は失点シーンを振り返る。監督の橋本は2死二塁になったところで「タイムを掛けていれば」と悔やみ、今でも無念さを漂わせる。

1点に泣き、初の夏の全国制覇は逃した。だが、〝スモールベースボール〟を地で行く、静商野球の評価はあらためて高まった。

初陣 静学ベスト8 ①

監督の情熱で着実成長

1971年（昭和46年）、創部6年目の新鋭校が夏の甲子園に初名乗りを上げ、いきなり8強入りした。静岡学園である。県内では65年の東海大一に続く2校目の私学代表校であり、全国舞台での活躍は私学台頭のきっかけともなった。

野球部が産声を上げ、ほぼ半年たった66年秋、大学を卒業したばかりの川口祥一（静岡市駿河区在住）が指揮官として迎えられた。川口は静岡高—立大と進み、大学では準硬式で鳴らした。初めての采配だったが、川口は若い情熱をグラウンドにぶつけ、草創期のチームを引っ張った。熱血指導によってチームは着実に成長し、68年夏の県大会で快進撃を見せた。浜松工、新居、三ケ日を次々と倒して8強入りすると、準々決勝は古豪の島田商に3—1で競り勝った。準決勝は浜松北と対戦、延長十一回、1—2で惜敗した。しかし、著しい成長ぶりは話題を呼び、「中学生たちの注目を集めるようになった」（川口）といい、翌年春の有望戦力入部へと発展していく。

70年夏の県大会は3回戦で敗れ、新チームに切り替わった。翌71年夏に全国への道を切り開くことになるチームの始動であった。

秋の県大会は中部1位で臨んだ。新エースの

**1970年
秋の県大会決勝
出場メンバー**

⑥田中	満	(2年)
⑦幸塚	秀樹	(2年)
②登崎	一彦	(2年)
③熊丸	政彦	(2年)
⑧滝戸	敏秀	(1年)
⑨柳本	博	(2年)
①竹内	敏雄	(2年)
④福永	哲也	(2年)
⑤仁部	祐司	(2年)

左腕、竹内敏雄（城南静岡監督）が安定感に満ちた投球を展開、打線も効果的な攻めを見せ、伊東商、日大三島、静清工（現・静清）にいずれも完封勝ちして初優勝した。

県を制し、続くは翌春の選抜につながる東海大会。1回戦は宇治山田商（三重）に3―1で快勝、準決勝で県岐阜商（岐阜）と顔を合わせた。互いに譲らず0―0で迎えた延長十三回表、決勝点をもぎ取られ、0―1で涙をのんだ。

当時、東海地区は毎年3校を選抜に送り込んでいた。このため、準決勝で敗れたものの、延長の末の惜敗だったことから、選抜出場は〝当確〟との見方が強かった。しかし、春の甲子園行きの切符は届かず、補欠校にも選ばれなかった。

代表校の選に漏れ、「ショックを受けた」と監督の川口。だが、同時に新たな闘志が沸々と湧いた。「今度は絶対に勝ち取ってやる」。それは指揮官としての夏の甲子園に向けた、断固たる意思表示だった。

静岡学園が初優勝

竹内が三試合連続完封

強打線、杉崎を攻略

秋季高校野球県大会

（最終日）

第二十三回秋季高校野球県大会最終日は二十日、静岡市の県営静岡球場で決勝戦を行なった。

地区予選、本大会を勝ち抜いて決勝で顔を合わせたのは静清工と静岡学園。中部同士の戦いになった。試合は両校エースが立ち上がりから快調に投げ合い投手戦を思わせたが、静学のミート打法が中盤以

る。

今大会、早々と決勝から三試合連続完封の快記録を打ち立てた。

なお静岡学園、静清工はそれぞれ県の第一、第二代表として十月三十一日、十一月一日の両日三重県で開かれる東海四県大会に出場することになっている。

▽決　勝

静清工	000	000	000	0
静岡学園	000	010	21	4

▽三塁打　滝（静清）▽野選　宇佐美昭（静清）▽犠打　静清1（宇佐美芳）静学3（柳本、福永、仁部）▽盗塁　静清1（助宗）静学4（朝丸、滝戸、柳本、竹内）▽併殺　静清1（杉崎―杉山―岡本）静学1（田中―朝丸）▽残塁　静清6、静学7　▽試合時間　1時間48分　▽審判　桜井、白鳥、中山、橋本

【評】静学は大会随一の速球投手杉崎の重い直球に終始押されながらも竹内に代表される地味なミート打法で結局打ち崩しに成功した。

五回裏、静学は先頭の滝戸選手の頭上をワンバウンドで抜ける幸運な内野安打で出塁、これが明暗の分かれ目になった。滝戸がかさず二盗、柳本に送られた

竹内が静清守備陣の裏をかい

撰、打球は当たりそこないの

野選で一、三塁となった。

【静清工】	打	安	点	振	球	失
⑦助　宗	3	0	0	0	1	0
④杉　山	4	1	0	0	0	0
⑥磯　部	3	0	0	1	1	0
①杉　崎	4	1	0	0	0	0
③岡　本	4	0	0	0	0	0
②宇佐美昭	4	0	0	1	0	0
⑨向　坂	3	0	0	2	0	0
9栗　田	0	0	0	0	0	0
⑤滝	2	1	0	1	1	0
⑧宇佐美芳	2	0	0	1	0	0
計	29	3	0	6	3	0

【静　学】	打	安	点	振	球	失
⑥田　中	4	1	2	0	0	0
⑦峯　塚	4	0	0	2	0	0
②笠　崎	4	1	0	1	0	0
③朝　丸	4	1	0	1	0	0
⑧滝　戸	4	1	0	1	0	0
⑨柳　本	3	1	1	1	0	0
①竹　内	3	2	0	0	1	0
④福　永	2	1	0	0	1	1
⑤仁　部	2	1	1	0	0	0
計	30	9	4	6	2	1

静岡学園の秋の県大会初制覇を伝える1970年10月21日付静岡新聞。翌夏への重要な一歩となる

初陣 静学ベスト8 ②

「守り」と「1点」を追求

創部6年目を迎えた1971年（昭和46年）、静岡学園は夏の甲子園出場に向け、歩みを開始した。

監督の川口祥一（静岡市駿河区在住）が目標を達成すべく、まず打ち出したのは「守りの野球」だった。ノックバットを振り続け、徹底的に鍛え抜いた。

最もノックの標的になったのは三塁手の仁部祐司（大和製罐）。「あんな下手なやつはいなかった」（川口）というが、猛練習に耐えて急成長した。遊撃手で守りの要の田中満（大和製罐）とのコンビプレーはさえ、厳しい指揮官に「三遊間は鉄壁」といわせるまでになった。

甲子園への道を突き進むために、川口が追求した、もう一つの柱は「1点にこだわる野球」だった。小柄ぞろいで、大物打ちはいない。従って長打は期待できない―となれば、どう攻めるか。答えは小技を生かした攻めであり、バントと足で相手を揺さぶった。

登崎一彦（登崎商店）熊丸政彦（東洋冷蔵）の3、4番もバントでチャンスを広げ、スクイズで走者を迎え入れた。熊丸は言う。「うちのバントに打順は関係なかった」と。

春の県大会は中部地区1位で臨み、初戦で三島南に8―1で圧勝、準決勝は浜松西に3―2で競り勝ったが、決勝は清水東に1―5で敗れた。

「春の覇者は夏勝てない」とは、今も話題になる県内のジンクスである。「そんなに意識したわけではない」（川口）というものの、結果は準優勝。夏の県大会は、第2シードで挑むことになった。

　夏の甲子園を懸けた戦いが始まると、調子が上がらず苦戦が続いた。沼津市立との1回戦は八回に、修善寺工との2回戦は七回に、ともに決勝点を奪って接戦を制した。3回戦は島田と対戦、2安打に抑えられながらも、五、九回に無安打で得点を奪い、3―0で完封勝ちした。

　4回戦はしぶとさを発揮した。九回、サヨナラスクイズを決め、2―1で静岡市商を退けた。エースの左腕、竹内敏雄（城南静岡監督）は8安打を許し、苦しい投球を強いられた。だが、巧みなマウンドさばきで完投勝ちすると、続く準々決勝から安定感あふれる投球を展開、チームもペースを取り戻し、甲子園への道を快走する。

新聞　（第三種郵便物認可）　第10670号　B　（6）

春季高校野球県大会（第1日）

中、西部勢で優勝争い

静岡学園、地力を発揮

清水東、富士宮北を圧倒

島田両球場にブロック大会を勝ち抜いた八校が参加して開幕、初日は午前十一時から一回戦四試合を行なった。今月二十九、三十の両日、本県で開く東海四県大会（各県二校）の県予選を兼ねていることと、夏の県大会のシード校選考資料とあって各校ナインの意気込みは大変なもので、熱のこもったプレーが繰り広げられた。静岡球場では中部二位の清水東が速攻で東部優勝校の富士宮北にコールド勝ち、本命の静岡学園は中部一位の貫録を見せて三島南の挑戦を退けた。島田球場では西部一位の掛川西が焼津水産の猛追をかわして逃げ切り、同二位の浜松西も伊東商に快勝して準決勝に進出、優勝は中、西部勢で争われることになった。最終日の九日は午前九時から島田球場で準決勝、決勝三試合が行なわれる。

◇…静岡球場…◇

▽1回戦（第一試合）

清水東600 42―12

富士宮北000 00―0

（五回コールド）

▽三塁打　川口久（清）▽二塁打　見城、坪井（清）▽試合時間　1時間25分

【評】清水の集中攻撃がさえた。初回、2四球と敵失で迎えた

◇…島田球場…◇

▽1回戦（第一試合）

掛川西011 001 010―4

焼津水産000 101 100―3

きのうの高校野球

清水東 12―0 富士宮北（5回コールド）

静岡学園 8―1 三島南

掛川西 4―3 焼津水産

浜松西 8―5 伊東商

三島南―静岡学園　三島南は力及ばず敗れたが、三回表一死三塁に梅原を置いて、海老名が投手横に絶妙のスクイズを決めて先手を取った。

1971年春の県大会で静岡学園の初戦圧勝を報ずる5月9日付静岡新聞

初陣 静学ベスト8 ③

本格派左腕、足でかく乱

1971年（昭和46年）、甲子園を目指す静岡学園の歩みは夏の県大会終盤、一気に加速した。エンジンに火を付けたのは、エース・竹内敏雄（城南静岡監督）が準々決勝の清水工戦で演じた快投だった。左腕から直球とカーブを巧みに投げ分けて、清水工打線に的を絞らせず、ノーヒットノーランをやってのけた。

「（無安打は）六回あたりから気が付いていた」。竹内はインタビューでこう答えたが、「実は一回から分かっていた」といい、「高校生らしくないと思ったので、六回と答えた」と明かす。

打線は効果的な攻めを見せた。9安打で7点をたたき出して清水工を圧倒、ベスト4に進出した。

準決勝の島田商との一戦も竹内が好投、3—0で完封勝ちした。決勝はいきなり3点を奪い、主導権を握った。二回以降も小刻みに加点、6—0で浜松西を退け、初の甲子園行きを決めた。創部6年目の快挙で、異例のスピード出世として話題を集めた。

県大会終盤の好調さそのままに、晴れの舞台でも伸び伸びとプレーした。

1回戦の相手は鶴崎工（大分）だった。エースの藤沢哲也は竹内と同じ左腕だが、タイプは好

1971年
夏の甲子園
登録メンバー

①	竹内	敏雄	(3年)
②	熊丸	政彦	(3年)
③	登崎	一彦	(3年)
④	福永	哲也	(3年)
⑤	仁部	祐司	(3年)
⑥	田中	満	(3年)
⑦	幸塚	秀樹	(3年)
⑧	滝戸	敏秀	(2年)
⑨	柳本	博	(3年)
補	瀬川	幹夫	(3年)
	佐藤	達夫	(2年)
	望月	達也	(1年)
	小杉	晃	(2年)
	鈴木	六郎	(2年)

対照。快速球が売りでドラフト1位で中日入りした。「とにかく速かった。カーブだって僕の直球より速かった」と竹内。その本格派左腕を、序盤から得意の足とバントで揺さぶった。

二回、2四球と重盗で1死二、三塁の絶好機をつかみ、主将の幸塚秀樹（ヤマト食品）が3バントスクイズを鮮やかに決めて1点を先制。さらに、相手バッテリーミスで1点を加えた。

三回に1点を返されたが、竹内はその後調子を上げ、付け入る隙を与えなかった。攻めては八回、2死から登崎一彦（登崎商店）熊丸政彦（東洋冷蔵）柳本博（センター商会）の中軸トリオの3連続長短打で3点をもぎ取り、5―1で初戦を突破した。

指揮を執る川口祥一（静岡市駿河区在住）は、試合運びのポイントを書き込んだ1枚のメモ用紙をポケットに忍ばせていた。静岡高時代の恩師、田口一男（故人）のアドバイスによる〝隠し技〟は効果抜群、初陣監督らしからぬ落ち着いた采配を引き出した。

甲子園に初出場した1971年夏の静岡学園ナイン＝草薙球場
（静岡学園高校新聞から）

初陣 静学ベスト8 ④

晴れ舞台で持ち味発揮

１９７１年（昭和46年）夏の甲子園。会心の試合運びで初戦を制した初陣の静岡学園は、２回戦で存在を一段と際立たせた。

相手は高岡商（富山）。エース・竹内敏雄（城南静岡監督）は一、二回と三塁打を許す不安な立ち上がりだった。だが、要所は抑えてピンチをしのぐと、三回からは本来の姿に戻り、八回の1失点にとどめた。

攻めては持ち味を存分に発揮して、得点を重ねた。二回、主将・幸塚秀樹（ヤマト食品）の左中間三塁打で1点を先制、四回には幸塚のスクイズで2点目、と大技、小技を使い分けて、試合の流れを引き寄せた。

さらに、足を絡めて攻め立て、五回に3点、六回に6点、八回に3点をもぎ取った。終わってみれば14—1で圧勝し、ベスト8に駒を進めた。

この試合で、幸塚が5打点と気を吐けば、柳本博（センター商会）が5得点をマークした。柳本の5得点は大会タイ記録だった。

準々決勝は磐城（福島）と対戦した。1、2戦の快勝ぶりと異なり、8強対決は勝手が違った。

一回、竹内が3長短打を浴び、2点を奪われた。狙われたのは直球だった。「相手が徹底してカーブ打ちの練習をしていた。だから、直球主体に

1971年夏の甲子園
準々決勝
出場メンバー

⑥	田中　満	(3年)
①	竹内　敏雄	(3年)
②	登崎　一彦	(3年)
③	熊丸　政彦	(3年)
4	望月　達也	(1年)
H	瀬川　幹夫	(3年)
⑨	柳本　博	(3年)
⑧	滝戸　敏秀	(2年)
⑦	幸塚　秀樹	(3年)
④3	福永哲也	(3年)
⑤	仁部　祐司	(3年)

組み立てた」と女房役の登崎一彦（登崎商店）。二回からはカーブ中心の投球に切り替え、九回

1971年夏の甲子園でマウンドに集まる内野陣（静岡学園高校新聞から）

にだめ押しの3点目を奪われるまで、磐城打線を沈黙させた。

好調ぶりを発揮してきた打線も、鳴りをひそめた。165センチで小さな大投手といわれた磐城のエース・田村隆寿の巧みな投球に、最後までタイミングが合わず、ゼロに封じられた。

一回、四番の熊丸政彦（東洋冷蔵）がけがで退場した。本来は捕手だが、肩を痛め一塁に回っていた。その熊丸がいきなり走者に左足首をスパイクされて負傷、そのままベンチに退いた。「大物打ちが少なかったので痛かった」と監督の川口祥一（静岡市駿河区在住）。主砲の早々の欠場は、その後の反撃に影響を及ぼしたのは間違いないところだ。

準決勝進出は逃した。しかし、3試合で記した「失策1、盗塁8、犠打12」の三つの数字が象徴するように、初の晴れ舞台で持ち味を出し切った。

東海大工も初陣8強①

新指揮官迎え本格始動

1972年（昭和47年）、東海大工が初めて夏の甲子園に駒を進めると、ひのき舞台でも気を吐き、8強入りした。前年の静岡学園に続く、初陣での準々決勝進出は新しい力の台頭を印象づけた。

野球部は学校創設の59年に誕生。1年後、斉藤鉄夫（静岡市清水区在住）が新監督に就任する。斉藤は兄弟校の東海大一高出身で当時27歳。旧清水市内にある運輸省（現・国土交通省）第2港湾建設局で、軟式野球チームの投手を務めていた。

新たな指揮官を迎え、本格始動した。だが、グラウンドは未整備で、テニスコートほどの広さを確保するのがやっとだった。兄弟校ナインの練習後、東海大一グラウンドに足を運んだり、隣接する清水海員学校グラウンドを借用したりして、広いスペースへの感覚を養ったが、それも時折。東海大一へは、リヤカーに用具を積み込み、3キロほどの道のりを行き来した。

斉藤はグラウンドづくりにも励んだ。周囲を整地し、練習スペースを広げた。斉藤は「最初の頃の部員は、グラウンドづくりに取り組んだ方が長かったのでは」と話す。

チームづくりにも腐心した。「開校間もなく実績もないので、中学生がなかなか目を向けてくれなかった」（斉藤）からだ。

夏の県大会は、斉藤の監督1年目の60年から参加した。しかし、67年に3回戦に進出するまで、1、2回戦敗退が続いた。春、秋の県大会も振るわず、地区予選で敗退した。

ところが、68年秋、地区予選を突破し、県大会に初出場した。1回戦で敗れたものの、この時のメンバーを主体にして挑んだ翌69年春の県大会で決勝まで勝ち上がると、修善寺工に6―5で逆転勝ちして、初めて県の頂点に立った。

常に序盤で姿を消す目立たない存在から、一気に脱皮して臨んだ夏の県大会。初のシード校入り、それも春の覇者とあって、第1シードに選ばれた。

シード順位にたがわぬ戦いぶりで勝ち進んだ。準々決勝は浜松西を5―1で下し、準決勝で静岡商と対戦した。三回に2点を先制し、主導権を握った。だが、追い付かれ、延長十回、2―3で競り負けた。敗れはしたが、夏の甲子園まであと一歩。指揮を執る斉藤は「先が見えた」と手応えをつかんだ。

決勝 東海工が逆転勝ち

修善寺工も県代表に決定

春季県高校野球（最終日）

【沼津】東海四県大会への出場権をかけた第十六回春季高校野球県大会最終日は雨で一週間日延べになったあとの十八日沼津市営球場で再開、準決勝二試合と決勝戦を行なった。準決勝の修善寺工―三島高戦は力のある修善寺が15安打の猛攻で圧勝、日大三島―東海工戦は前半の好機を生かして着々と得点した東海工がエース渥美の好投で逃げ切った。決勝戦は二転三転と逆転劇を繰り返しファンをわかせたが、九回の土壇場で東海工がわずかに押し勝ち初優勝を飾った。

【決勝戦】修善寺は九回裏のドタン場一死二、三塁のチャンスに三塁走者大戸がけんせい球で飛び出し本塁直前で狭殺されて転倒、逆転の夢をつぶした。右は大戸にタッチした高橋一塁手、左は次打者市川、球審塚谷（沼津市営球場）

なお、二十四日と二十五日三重県津球場で開かれる東海四県大会には東海工と修善寺工が県代表として出場する。

▽決勝

東海工 000300003―6
修善寺工 101030000―5

（東海工）小林、石川、渥美―高橋、杉本　（修善寺工）山本―市川

▽二塁打 高橋（東海工）大戸

【東海工】	打	安	点	失
⑥古郡	2	1	1	0
R松本	0	0	0	0
6鈴木	0	0	0	0
⑦海野	4	1	0	0
⑧山村	5	0	0	0
⑤堀	5	1	1	0
④1渥美	4	2	0	2
⑨中谷	3	0	0	0
②3高橋	4	2	0	2
①小林	2	0	0	2
1石川	1	0	0	0
2杉本	1	0	0	0
③伊藤	1	0	0	0
3半田	2	1	3	1
4曽根	0	0	0	0
計	34	8	5	7

【修善寺工】

昭和四十四年度

ミスも実力（白中押し勝ち）

黒1に白2が急所のナラビで黒にイキがない。

次に黒が「イ」なら白は「ロ」だし、黒が「ロ」なら白「イ」でやはり同じこと。どちらにしても

東海大工が初めて県を制した1969年春の県大会決勝を伝える同年5月19日付静岡新聞

年ごと着実に力伸ばす

高度経済成長期終盤の1960年代後半から70年代前半にかけ、東海大工は着実に力を伸ばした。

69年にベスト4入りして初めて上位に進出すると、70年もベスト4、71年にはベスト8と、夏の県大会で3年連続、準々決勝以上に食い込んだ。

こうして実績を積み上げ、72年を迎えた。前年秋の県大会は準決勝で敗れたが、春の県大会は日大三島、浜松工を退けて決勝に駒を進めた。沼津東と対戦した一戦は、緊迫した投手戦で進んだが、八回、決勝点を奪われ、0―1で惜敗した。

各県上位2校が参加する東海大会は、木本（三重）市岐阜商（岐阜）を連破し、決勝に進出した。しかし、終盤追い上げながら、三重（三重）に2―4で競り負け、またも優勝を逃した。

春の県、東海大会とも準優勝にとどまった。だが、レギュラー級は前年から試合経験を積んだ3年生がそろい、2年生の望月秀男（NTT東日本）の成長で投手陣も引き締まった。

特に大きかったのは望月秀の存在だった。184センチの長身右腕で、上から投げ込んでいたが、監督の斉藤鉄夫（静岡市清水区在住）の指示で横手投げに切り替えた。「勝ち進むには横手

1972年
夏の県大会1回戦
出場メンバー

⑥	築地　強	(3年)
⑤	高橋　千春	(3年)
⑨	米山　善博	(3年)
④	込山　要二	(3年)
⑧	寺畑　公男	(3年)
③7	秋田　里実	(3年)
②	望月　覚	(3年)
①	黒川　理	(3年)
H	永野　肇	(3年)
1	望月　秀男	(2年)
⑦	安池　敏男	(3年)
3	原科　重行	(2年)

1972年夏の県大会準々決勝の富士宮北戦。東海大工は猛打でベスト4に進出＝島田球場

投げが必要」という斉藤の判断からだった。望月秀は「腰の回転が合ったように思う」と言い、やや下手の位置から切れのいい直球とカーブを投げ込んだ。

夏の県大会は第2シードだった。前年優勝の静岡学園も春の県大会準優勝校であり、やはり第2シードで臨んでいた。

現在、シード校の出番はすべて2回戦からだ。ところが、当時、そんな特典はなく、シード上位校といえども組み合わせの位置はくじ引き次第。第2シードの東海大工も1回戦からの登場となった。

初戦は小笠農（現・小笠）と対戦、序盤に2点をリードされた。だが、徐々に地力を発揮して逆転、7―2で押し切った。2、3回戦もいったんはリードを許す展開だったが、打線の奮起で興誠商（現・浜松学院）、韮山をともにコールドで退けた。

白星を三つ重ね「調子が出てきた」と斉藤。指揮官の言葉通り、4回戦で掛川西、準々決勝で富士宮北を寄せ付けず、ベスト4に勝ち上がった。

初の決勝制し甲子園へ

１９７２年（昭和47年）夏の県大会も大詰めを迎え、４強入りした東海大工は、準決勝で選抜出場校の静岡商と顔を合わせた。

静岡商といえば、抜け目のなさが身上だ。ところが、その静岡商を〝小技〟で揺さぶった。一回、スクイズと重盗で2点を先制。1点を返されたが、六回にスクイズで決定的な3点目を奪い、勝利をもぎ取った。V決戦の場に立つのは初めて。69、70年の2度、準決勝で敗退していることから、決勝進出は文字通り〝三度目の正直〟だった。

決勝は浜松商と対戦、四回に2点を先制された。しかし、五回から反撃に移ると、しぶとい攻めで逆転、5―2で勝利を収め、全国へ初名乗りを上げた。

「甲子園」と口にはしても、それは夢のまた夢。まして、春の県、東海大会ともに決勝で敗れたため、「またか、との思いもあった」とマネジャーの脇田潔（静岡工機）。だが、夢は実現した。創部14年目、斉藤鉄夫（静岡市清水区在住）がチームを率いて13年目の歓喜だった。

当時の県高野連理事長、栗原秀夫（焼津市在住）は「込山要二主将（静岡市清水区在住）を中心にした守備力は抜群で、打線もチャンスに強い打者が多く、力で優勝を勝ち取った」と総評した。

**1972年
夏の甲子園
登録メンバー**

①	黒川　理	(3年)
②	望月　覚	(3年)
③	秋田　里実	(3年)
④	込山　要二	(3年)
⑤	高橋　千春	(3年)
⑥	築地　強	(3年)
⑦	安池　敏男	(3年)
⑧	寺畑　公男	(3年)
⑨	米山　善博	(3年)
補	石川　弘之	(3年)
	望月　秀男	(2年)
	剣持　勇	(2年)
	永野　肇	(3年)
	原科　重行	(2年)

こうしたチームを支えたのは、厳しく、かつ豊富な練習だった。三塁手の高橋千春（NTT西日本—東海）は「練習は絶対にどこにも負けなかった」と振り返る。春まで投手陣の中心だった黒川理（藤枝市在住）の思いも同じで「猛練習が自信につながった」という。監督の斉藤が寮で生活をともにし、徹底して鍛え上げ、つかんだ代表切符だった。

初めて踏む甲子園の舞台。抽選会で主将の込山は開幕試合を引き当てた。ところが、開会式当日は雨に見舞われ、セレモニーは実施されたものの、試合は順延となった。しかし、気勢をそがれることはなく、甲子園デビュー戦に臨んだ。

相手は、やはり初出場の糸魚川商工（新潟、現・糸魚川白嶺）だった。エースの黒坂幸夫は大型左腕で知られ、社会人野球を経て、ヤクルト入りした。東海大工は、この注目の左腕を擁する糸魚川商工を投打に圧倒し、初戦を突破する。

1972年夏、甲子園練習後、参加した全員で記念撮影

自然体の戦いに涙なし

舞台は1972年（昭和47年）夏の甲子園。雨で1日延びた開幕試合で、東海大工は糸魚川商工（新潟、現・糸魚川白嶺）と対戦した。

初陣だったが、気負いすぎることもなく「自然体でプレーできた」と右翼手の米山善博（サンエス）。立ち上がりから攻勢に出て、迎えた六回。2死一、二塁から秋田里実（藤枝平成記念病院）はバットを折りながらも右前に落とし、先制の1点をたたき出した。

秋田は県大会で29打数14安打15打点をマーク。「ボールがよく見えていた」といい、好調なバットは甲子園でも的確にボールをとらえた。

七、八回にも1点ずつを加点。2年生エースの望月秀男（NTT東日本）は、立ち上がりこそ力みが見られたが、徐々に本来の姿に戻って5安打に抑え、3—0で完封勝ちした。

2回戦は秋田市立（現・秋田中央）と相対した。一回2死一塁から寺畑公男（静岡市清水区在住）が、左翼ラッキーゾーンに打ち込み、2点を先制した。

この場面で、監督の斉藤鉄夫（静岡市清水区在住）が出したサインはエンドラン。だが、「内角高めにきたので振り抜いた」一打は「詰まり気味だった」というが、ラッキーゾーンを越えた。

**1972年
夏の甲子園準々決勝
出場メンバー**

⑥築地	強	(3年)
④込山	要二	(3年)
⑨米山	善博	(3年)
⑧寺畑	公男	(3年)
③秋田	里実	(3年)
⑦安池	敏男	(3年)
H永野	肇	(3年)
⑤高橋	千春	(3年)
H原科	重行	(2年)
②望月	覚	(3年)
H石川	弘之	(3年)
①望月	秀男	(2年)
H黒川	理	(3年)

1972年夏の甲子園。応援団への勝利の報告を終え、元気にグラウンドを去る東海大工ナイン

幸先いいスタートを切ったものの、秋田市立の反撃に遭い、試合はもつれた。それでも決定力で上回り、望月秀も10安打を許しながらよく踏ん張って、5―3で競り勝ち8強入りした。

準々決勝の相手は天理（奈良）だった。一回、望月秀が強力打線につかまり、3点をもぎ取られた。だが、望月秀は立ち直り、直球とカーブを主体にコーナーを巧みに突いて、追加点を阻んだ。

打線は三回、1安打と2四球で2死満塁と反撃、寺畑が四球を選んで2点差に詰め寄った。その後も、天理・金森道正の制球難に乗じて、塁上をにぎわした。しかし、決定打を欠いてチャンスを生かせず、逆に七回、ダメ押し点を奪われ、1―4で涙をのんだ。

4強入りを前に姿を消した。だが、自然体で戦い抜き、前年の静岡学園に続いて、初の甲子園でベスト8に駒を進めた。監督の斉藤が「やるべきことはやった」と総括すれば、球場を後にする選手たちに涙はなかった。

静岡高73年夏準優勝①

強豪校を相手に手応え

1973年（昭和48年）夏の甲子園で〝静高野球〟がよみがえった。V決戦には敗れたが、13年ぶりに銀メダルを獲得したのだ。

前年8月、新チームがスタートした。直前の夏の県大会経験者が多く残り、監督の野島譲（浜松市西区在住）は「このメンバーならやれる」と新チームに手応えをつかんでいた。選手たちの思いも同じで、春の選抜につながる秋の県大会に満を持して臨んだ。

ところが、1回戦で沼津市立に3―5で逆転負けを喫した。1年生エースの秋本昌宏（現・三浦、大和製罐）が肩を痛めたのが響き、早々の敗退を余儀なくされた。

春の甲子園への道を断たれ、チームは意気消沈した。すると、主将の野田真一（天龍）が一喝した。「静高の名前で野球をするのではない。野球をするのは俺たちだ」と。捕手の水野彰夫（農業）によると「主将の言葉でまとまった」といい、再浮上を目指しスタートを切り直した。右翼手の高橋秀宜（高橋ボデー）は言う。「沼市戦の負けは良い教訓になったと思う」

冬を経て、秋本の肩は回復した。だが、春の県大会は間隔を開けながらマウンドに上がった。夏をにらみ、「無理をさせたくなかった」と野島。ところが東海大会は2日間で3試合を投げ切った。今度は夏の連投に備えるためだった。

春の県、東海大会とも決勝で静岡商に敗れた。優勝はできなかったが、夏に向けてチームづくりは順調に進んでいた。

春の甲子園優勝の横浜をはじめ、習志野、桐蔭学園、東邦といった強豪校を相手にした県外遠征はほとんど負け知らずだった。こうした経験を積み、中堅手の植松精一（静岡産業社）は「全国で通用すると実感した」と当時を思い起こす。

夏の甲子園出場が懸かる県大会を迎えた。第2シードだったが、1回戦から登場。いきなり前年優勝の東海大工と対戦することになった。

序盤屈指のカードと注目を集める中、植松2打点、水野4打点と3、4番が評判にたがわぬ強打ぶりを披露。エースの秋本は9四死球と制球に苦しみながらも要所を抑え、2失点と踏ん張った。

難敵を6―2と圧倒。甲子園に向け、まず一歩を踏み出した。

1973年夏の県大会1回戦、前年覇者の東海大工を圧倒し好スタートを切る＝草薙球場

静岡高73年夏準優勝②

経験の差で新鋭校圧倒

「平成の大改修」が行われた県営草薙球場。40年前には「昭和の大改修」が実施され、1973年（昭和48年）夏、夜間照明設備を完備し、装いを一新した姿を披露した。

夏の県大会は新生・草薙球場を主舞台に華やかに開幕セレモニーを実施したが、天候には恵まれず、日程変更を余儀なくされた。静岡は開会式後、2試合目に登場予定だったが、雨で2日延び、東海大工と1回戦で相対したのは3日目の第4試合。このため、伊東商との2回戦は連戦となった。

結果は14―3。大差の勝利だった。ところが、監督の野島譲（浜松市西区在住）によれば、「楽な試合じゃあなかった」。九回、水野彰夫（農業）の3ランなど打者13人の猛攻で大量8点をもぎ取り一気に点差を広げたが、中盤までは互角の展開だった。

高校入学後、甲子園出場機会は春夏合わせて5回。このうち4回、他校の後塵を拝し、「残るは1回。これを逃したら―と思うと、重圧を感じた」と植松精一（静岡産業社）。中盤まで確かに動きは固かった。だが、終盤の猛攻で本来の姿を取り戻した。

3回戦は静岡工を8―1、4回戦は新居を10

1973年
夏の県大会決勝
出場メンバー

⑤永嶋	滋之	(3年)
④野田	真一	(3年)
⑧植松	精一	(2年)
②水野	彰夫	(3年)
⑦白鳥	重治	(3年)
⑨高橋	秀宜	(3年)
③岸端	隆	(2年)
①秋本	昌宏	(3年)
⑥永野	修司	(3年)

―0と、ともにコールドで下し、準々決勝は掛川西を7―0で破った。掛川西戦は一回、中軸を担う白鳥重治（中国在住）のスクイズで先制点を奪うなど、小技も交えて着実に加点した。

準決勝は持ち前の猛打で東海大一に7―1と圧勝。4安打（うち三塁打3本）の高橋秀宜（高橋ボデー）を筆頭に、全員の17安打をマークした。

決勝は自動車工（現・静岡北）と対戦、創部10年目で初めてV決戦に臨む自動車工を、経験の差にものをいわせて圧倒した。二回、守りのミスを突いて一気に畳みかけ、5点を奪って序盤で主導権を握った。2年生エースの秋本昌宏（現・三浦、大和製罐）も八回の1失点に抑え、5―1で押し切った。

新鋭校を退け、3年ぶり16度目の夏の甲子園出場を決めた。ところが、出発までが慌ただしかった。雨にたたられ、決勝が行われたのは8月3日。全国で最も遅い代表決定だった。出発は翌4日。昼までに県庁などへのあいさつを済ませ、出場権獲得の喜びもそこそこに、決戦の場に向かった。

静岡新聞

第55回 全国高校野球県大会

静高、16度目の甲子園へ

二回に猛攻 自工の反撃を断つ

焦点

伝統の力まざまざ

自工 実力を発揮できず

静高猛攻

スタンドから

狂喜乱舞の応

1973年夏の県大会決勝。静岡の16度目の優勝を報ずる8月4日付静岡新聞

静岡高73年夏準優勝③

強打買われ上位候補に

１９７３年（昭和48年）夏の甲子園は作新学院（栃木）のエース、江川卓に話題が集中、〝江川の大会〟といわれる中で開幕した。栃木県大会の江川は5試合中3試合でノーヒットノーランを達成。怪腕ぶりは全国に知れわたっていた。

江川の陰に隠れていたが、〝静高野球〟の評価も高く、上位候補の一角に名を連ねていた。評価の裏付けになったのは打力だった。確かに植松精一（静岡産業社）水野彰夫（農業）白鳥重治（中国在住）のクリーンアップを軸にした打線は高い得点力を誇り、県大会7試合で57点をたたき出した。

攻撃力が目立ったが、守りも高レベルにあった。

**1973年
夏の甲子園
登録メンバー**

①秋本　昌宏（2年）
②水野　彰夫（3年）
③岸端　　隆（2年）
④野田　真一（3年）
⑤永嶋　滋之（3年）
⑥永野　修司（3年）
⑦白鳥　重治（3年）
⑧植松　精一（3年）
⑨高橋　秀宣（3年）
補望月　邦夫（3年）
　森内　吉男（3年）
　吉沢　一秀（2年）
　竹本　忠司（2年）
　遠藤　一仁（1年）

遊撃手の高橋秀宜（高橋ボデー）が県大会前に左ひざを痛め、一塁、右翼と回ったが、後を受けた永野修司（故人）のグラブさばきもさえ、内外野とも動きにそつはなかった。

エースの右腕、秋本昌宏（現・三浦、大和製罐）は、県大会で準々決勝からの3試合を一人で投げ切った。前年秋の肩の故障も癒え、2年生ながらナインの信頼も厚かった。

3年ぶり16度目の夏の晴れ舞台。主将の野田真一（天龍）が引き当てたのは8月13日、大会6日目の第3試合で、2回戦からの登場だった。3

日の代表決定からあたふたと甲子園入り。疲れを癒やす余裕もなかったことから、「出番まで間が空いて良かった」と監督の野島譲（浜松市西区在住）。

初戦は海星（長崎）と対戦した。三回、一死満塁から野田のスクイズで三走の岸端隆（静岡市役所）がかえり、先手を取った。六回には植松が見事な流し打ちで、左翼へ2ランを打ち込んだ。植松は「打ったら入った」とさりげなく振り返ったが、「チームが乗った」（野島）価値ある一撃だった。

七、八回にも加点し、大量10点を奪った。秋本も力投した。被安打は九回1死後の1本だけ。もちろん完封勝利を収めた。

続く相手は天理（奈良）。190センチを超える大型左腕の佐藤清を擁し、前評判は高かった。前年も本県代表と対戦、準々決勝で東海大工を退けていた。

試合を前に寄せられる情報は、すべて「天理有利」だった。だが、選手たちは意に介すことなく、強敵に立ち向かった。「やってみなければ分からない」と——。

1973年夏の甲子園。初戦の海星戦、野田のスクイズで先制点を挙げる=甲子園球場

静岡高73年夏準優勝④

記憶に残る個性派集団

１９７３年（昭和48年）夏の甲子園で〝静高野球〟が躍動した。初戦の圧勝に続き、３回戦も強敵の天理（奈良）を寄せ付けず、７―０で退けてベスト8に進出した。

天理戦は効率のいい攻めが目立った。三回2死二、三塁の好機に植松精一（静岡産業社）が右中間三塁打を放って2点を先制。五回は主将・野田真一（天龍）の好走塁で3点目をもぎ取り、七回には永嶋滋之（KDDI）の右翼線三塁打を皮切りに、集中打で4点を加えた。マウンドの秋本昌宏（現・三浦、大和製罐）も好投、初戦に続き完封勝ちした。

準々決勝は銚子商（千葉）と対戦した。この一戦も好機を確実にものにする攻めで、好投手の土屋正勝から5点を奪った。秋本は二回に1点を与えて、甲子園で初失点。その後も2失点したが、要所で踏ん張り、5―3で押し切った。

準決勝は今治西（愛媛）を6―0と圧倒した。一方的な内容だったが、ハプニングもあった。4連投の秋本が五回、疲れから突然、降板したのだ。秋本の後を受けたのは1年生の遠藤一仁（裾野高教）。急きょ回ってきた出番だったが、残るイニングをゼロに封じ、決勝進出に貢献した。

決勝の相手は広島商（広島）。一回、抜け目な

**1973年
夏の甲子園決勝
出場メンバー**

⑤永嶋　滋之（3年）
⑥永野　修司（3年）
⑧植松　精一（2年）
②水野　彰夫（3年）
⑦白鳥　重治（3年）
⑨3 高橋秀宣（3年）
③岸端　　隆（2年）
R9 森内 吉男（3年）
①秋本　昌宏（2年）
④野田　真一（3年）

い攻めに遭い、2点を奪われた。初めて先手を取られたが、じりじりと追い上げ、六、八回に1点ずつを返して追い付いた。

しかし九回、厳しい幕切れが待っていた。しぶとい攻めを受け、1死満塁のピンチを招いた。相手打者のカウントは2―2。ここで3バントスクイズを三塁線に敢行された。三塁手・永嶋の懸命の送球も間に合わず、勝敗は決した。

無念のサヨナラ負けに「フルカウントになれば押し出しが怖いので、外せとはいえなかった」と監督の野島譲（浜松市西区在住）。捕手の水野彰夫（農業）も思案の末に、内角シュートのサインを送った。広島商は「スクイズするなら3バント」と決めていたという。九回にベンチに退いた一塁手、岸端隆（静岡市役所）は、主審の右手が横に広がった瞬間、「暑い夏が終わった」との思いに包まれたのが忘れられない。

最後の決戦に敗れた。だが個性派集団が一つにまとまって戦い抜き、記憶に残るチームとして夏の甲子園を後にした。

準優勝盾を先頭に甲子園を行進する静岡ナイン
（1973年8月23日付静岡新聞から）

静商、掛西 そろって8強①

粘り強さで逆転の連続

1975年（昭和50年）の春の甲子園に、静岡県から2校が参戦した。静岡商、掛川西で、その両校がそろって8強入りし注目を集めた。

ちなみに春の甲子園代表校に県勢2校が名を連ねたのは4回。皮切りは68年の浜松工と清水商で、75年は2回目。あとは80年の静岡と富士宮北、87年の富士宮西と富士だ。

さて、静岡商、掛川西の75年コンビだが、まず前年（74年）秋の県、東海大会優勝の静岡商から、戦いの跡をたどる。

新チームがスタートした時から、主将の長谷川富士《とみお》（マルタフーズ）は「甲子園には行くものと思っていた」という。静岡商は直前の夏の甲子園で準々決勝に進み、1年前のセンバツも本大会に駒を進めていたことから、当時の静商ナインにとって甲子園は身近な存在だった。

監督の望月教治（焼津市在住）はOBであり、52年のセンバツ優勝時のレギュラーだった。72年秋から指揮を執り、73年春と74年夏、既に2度、チームを全国に導いており、74年も秋から翌年春の甲子園を念頭に、チームづくりに取り組んだ。

秋の県大会は中部2位で臨んだ。1回戦は浜松西を7—0（七回コールド）で下し、準決勝は浜松工を3—0で退けて東海大会行きを決め、

1975年春の甲子園
静岡商
登録メンバー

①海野　隆志（3年）
②萩原　克亮（2年）
③長谷川富士（3年）
④渡辺　　肇（3年）
⑤大石大二郎（2年）
⑥久保寺雄二（2年）
⑦富山　潤也（3年）
⑧清水　一敏（3年）
⑨吉田　　正（3年）
補白鳥　素夫（3年）
　栗山　正春（3年）
　国松　敬史（3年）
　内田　光敏（3年）
　川村　昌志（3年）

決勝で掛川西とぶつかった。

試合は一回にいきなり3点を奪われた。だが、じりじりと追い上げ、2―4で迎えた七回、大石大二郎（ソフトバンクヘッドコーチ）、萩原克亮（オートショップハギワラ）の2本の三塁打など4長短打を集めて4点をもぎ取り、6―4で逆転勝ちした。

東海大会は1回戦で愛知（愛知）に4―3で逆転勝ち、準決勝は中京商（現・中京、岐阜）に15―6（八回コールド）と大勝した。決勝は中京（現・中京大中京、愛知）に先制されたが、ペースを乱すことなく5―2でまたも逆転勝ちした。

エースの海野隆志（河合楽器）は、県大会から6試合を全て一人で投げ切った。カーブを武器に、打たせて取る投球に徹して、マウンドを守り抜いた。

チームの身上は粘り強さだった。県、東海6試合中3試合で先行を許しながら、逆転の末に勝利を収め、2年ぶり5度目の春の甲子園行きを引き寄せた。

1974年秋の東海大会決勝。中京（愛知）を圧倒する静岡商の鋭い攻撃
=津市営球場

静商、掛西そろって8強②

前年優勝の報徳に善戦

掛川西とともに出場した1975年（昭和50年）春の甲子園で、静岡商はアクシデントに直面する。

1回戦で対戦するはずだった門司工（現・豊国学園、福岡）に開幕前日、野球部員以外の生徒の不祥事が発覚した。このため門司工は開会式当日に出場を辞退、補欠校だった佐世保工（長崎）が代替出場することになったのだ。

「前代未聞」と周囲は騒然としたが、監督の望月教治（焼津市在住）は動じなかった。「今と違って対戦校の情報を集めなかったので、相手はどこでも同じ」と受け止めていたからだ。

〝代打出場校〟を相手にした一戦は、抜け目ない攻めで三回までに4—0とリード。マウンドの海野隆志（河合楽器）も的を絞らせない投球で、中盤まで無安打に抑えた。

ところが五回2死から初安打を許すと、スタンドは一変。「サセボ、サセボ」の大声援で代打出場校を後押しし続けた。異様なムードに押されたのか、5—0の八回裏、守りも乱れて一気に1点差に詰め寄られた。

それでも九回、1死満塁から2年生・久保寺雄二（後に南海入り、故人）の2点適時打で突き放し、7—4で競り勝った。久保寺はこの試合、

1975年春の甲子園
静岡商準々決勝
出場メンバー

⑤	大石大二郎	(2年)
⑦	富山　潤也	(3年)
H	国松　敬史	(3年)
④	渡辺　　肇	(3年)
③	長谷川富士	(3年)
⑥	久保寺雄二	(2年)
⑧	清水　一敏	(3年)
②	萩原　克亮	(2年)
①	海野　隆志	(3年)
⑨	吉田　　正	(3年)
H	内田　光敏	(3年)

5安打と爆発、プロ入り後の活躍を予感させた。

　2回戦は仙台育英（宮城）と対戦、三回に3点を先制された。エースの海野は「うちの打線なら3点までは大丈夫」と思っていたといい、3失点は想定内だった。四回以降は追加点を与えず、打線の援護を待った。

1975年春の甲子園、大会入りし望月監督（右端）を囲んでミーティングをする静岡商ナイン

　打線はエースの期待に応えた。五回に1点を返し、八回には主将の長谷川富士《とみお》（マルタフーズ）の右中間適時打などで3点をもぎ取って4―3と逆転、ベスト8進出を決めた。

　準々決勝の相手は前年優勝の報徳学園（兵庫）だった。この試合も先手を取られたが、七回から反撃に出た。0―4で迎えたこの回、海野の右翼線二塁打で2点を返し、八回には大石大二郎（ソフトバンクヘッドコーチ）の中前打を足場に1死満塁とし、久保寺が一、二塁間を抜いて1点差に詰め寄った。

　反撃はここまでだった。直前の試合で敗退した掛川西に続き、姿を消した。しかし、送り込んだ県代表2校の奮闘は、県内ファンに〝センバツ〟を堪能させた。

静商、掛西 そろって8強③

同名バッテリー 力発揮

1974年（昭和49年）7月21日、掛川西は夏の県大会1回戦で静岡学園に0―4で完封負けを喫した。

初戦敗退の屈辱を味わったのは磐田球場の第1試合。監督の中道充彦（御殿場市在住）は、昼すぎには新チームの面々を母校グラウンドに集め、こう語りかけた。「お前らを甲子園に連れて行く」と。これが翌75年春、静岡商とともに甲子園の土を踏んだチームのスタートである。

あえて甲子園を口にしたのは「ハッタリもあったが、何より夢を持たせたかった」と中道。だが「軸（バッテリー）がしっかりしていた」ことから、「いけそうだ」との感触をつかんでいたのも事実だ。

伊藤伸彦（静岡トヨペット）と松本伸彦（松本テント）。この二人が指揮官のいう軸であり、同名バッテリーとして話題を呼んだ。

新チームは西部予選を制し、秋の県大会に臨んだ。主将を務めた松本は「西部1位は自信になった」といい、夏の初戦敗退のショックは払拭《ふっしょく》されていた。

県大会は1回戦で沼津北部（現・沼津城北）を3―1で退けて、準決勝で東海大一と対戦した。ここでエースの伊藤がノーヒットノーランをやっ

1975年 春の甲子園掛川西 登録メンバー

①伊藤	伸彦	(3年)
②松本	伸彦	(3年)
③永井	澄男	(3年)
④安間	祐邦	(2年)
⑤中野	頼人	(3年)
⑥増田	融司	(3年)
⑦中村	友美	(2年)
⑧斉藤	武	(3年)
⑨松下	秀雄	(3年)
補 竹元	英明	(3年)
野末	正広	(2年)
榑林	靖之	(2年)
榑松	信良	(2年)
松浦	賢実	(2年)

てのけ、3―0で完封勝ちした。

快記録を達成した伊藤だが、試合が終わっても被安打ゼロに気付かなかった。4つの四球を与え、守備陣も4失策と乱れたため、「常に走者を背負いながら投げていた」からだった。それでもカーブを決め球にした投球で、最後まで的を絞らせなかった。

決勝は静岡商が相手だった。一回に3点を奪いながら、相手の粘りに屈して4―6で逆転負けを喫し、2位で東海大会に進んだ。

東海大会は1回戦で市岐阜商（岐阜）と顔を合わせた。試合は二転三転、4―4で迎えた延長十回、押し出しの四球で決勝点をもぎ取り、5―4で粘り勝ちした。

準決勝は中京（現・中京大中京、愛知）と対戦。四回に1点を先制されたが、しぶとさを発揮、八、九回に1点ずつを奪って試合をひっくり返した。ところが九回裏、逆転打を許し、2―3でサヨナラ負けした。

土壇場で競り負けた。だが戦いぶりは高く評価され、春の甲子園への扉をこじ開けた。

1974年秋の東海大会1回戦、延長の末、市岐阜商に競り勝ち、勝利を喜ぶ掛川西ナイン＝津市営球場

狙い通りに本盗決める

1975年（昭和50年）春の甲子園に掛川西の勇姿があった。

1回戦は能登川（滋賀）と対戦した。相手は初陣校だったが、一回に2点を先制された。だが、抜け目ない攻めをみせ、すかさず追い付く。二回無死から斉藤武（掛川クリーニング）、中村友美（磐田警察署）の連続長短打でまず1点。なおも続く2死満塁の好機に、三走の中村が本盗を敢行、2点目をもぎ取った。

意表を突く作戦に映ったが、本盗は想定内だった。監督の中道充彦（御殿場市在住）は相手校の練習をチェックした際、エースの投球動作が大きいことを見て取り、試合前、本盗のサインを出すことを示唆していた。

三走・中村も心得ていた。指揮官のサインを受けると、絶妙なタイミングで飛び出し、本塁を陥れた。「ワインドアップ投球だったので、スタートさえ良ければ」と、会心の走塁を振り返る。

試合はもつれた。だが3―3の七回、主将・松本伸彦（松本テント）の左前適時打で二走の増田融司（島田工教）が生還、決勝の4点目を奪った。

2回戦は天理と顔を合わせた。強豪が相手だったが、犠打を絡めた効率いい攻めで、五回まで

1975年春の甲子園
掛川西準々決勝
出場メンバー

⑨	松下	秀雄（3年）
⑥	増田	融司（3年）
①	伊藤	伸彦（3年）
②	松本	伸彦（3年）
⑧	斉藤	武（3年）
⑦	中村	友美（2年）
⑤	中野	頼人（3年）
④	安間	祐邦（2年）
H	竹元	英明（3年）
③	永井	澄男（3年）

に5—0とリード、快勝を思わせた。

ところが終盤、流れは一変した。エースの伊藤伸彦（静岡トヨペット）は、風邪を押しての登板だった。それでも七回まで完璧の投球をみせていたが、八回、疲れから球威が落ち、一気に追い付かれた。

しかしチームプレーが窮地を救った。1死一、二塁と続くピンチに、伊藤が遊撃手・増田とのサインプレーで二走をけん制球で刺し、相手のチャンスの芽を摘み取った。

ピンチを切り抜けて迎えた九回、3安打と敵失で4点を奪い取って勝負を決めた。

強豪の天理を9—5で下して8強入りすると、準々決勝は堀越（東京）と相対した。先手を取られながら、四回に反撃、1—2と1点差に詰め寄った。しかし五回、決定的な3点を奪われ、1—5で押し切られた。

準決勝進出は逃したが、甲子園に2度、勝利の校歌が流れた。指揮を執った中道は「甲子園に連れて行く」との約束を実現させた。その晴れ舞台、往時を思い起こし、感慨を込めた。「奇跡でしかなかった」と—。

1975年春の甲子園1回戦。能登川（滋賀）戦の2回、本盗を決める掛川西・中村。打者増田＝甲子園球場

守り強化「負けない野球」

1970年代、浜松商が全国区の存在としてクローズアップされる。まず75年（昭和50年）、8年ぶり4度目の出場となった夏の甲子園で逆転サヨナラ劇を演じ、78年には14年ぶり4度目の春の甲子園でセンバツ初制覇—と〝浜商野球〟が一気に花開いた。

75年夏の甲子園出場組は出だしでつまずいた。新チーム結成直後の74年秋の県大会は、西部予選で姿を消し、本大会出場を逃した。冬を越し、75年春を迎えてもチーム力は不安定だった。西部3位で県大会に駒を進めたものの、1回戦で沼津市立に5—12でコールド負けを喫した。

監督の磯部修三（磐田市在住）は「負けない野球」を目指し、守りの強化をチームづくりの柱に置いた。ところが、エース不在。沼津市立戦は5人がマウンドに立つなど、守りの軸となる投手力が不安定とあって、苦戦が続いた。

そんなチームが春の県大会後、「負けない野球」を実践するようになる。原動力は2年生右腕の鈴木貢（浜松信用金庫）。鈴木は球速こそないが、カーブの落差は大きかった。磯部は2年生右腕を投手陣の柱に据えることを決めた。

夏の県大会はノーシードで臨んだ。だが、投手陣に軸ができて練習試合は連戦連勝。手応え

1975年
夏の甲子園
登録メンバー

①	鈴木	貢	(2年)
②	上村	敏正	(3年)
③	坂口	哲也	(3年)
④	山本	雅治	(3年)
⑤	伊藤	博	(3年)
⑥	犬居	進	(3年)
⑦	牧野	利夫	(3年)
⑧	山本	常義	(2年)
⑨	高林	基久	(3年)
補	内山	貴夫	(3年)
	細田	薫	(1年)
	門明	利昌	(3年)
	藤田	勝	(3年)
	桜井	秀巳	(2年)

をつかんで本番を迎えた。といっても、主将の犬居進（渡信商店）は組み合わせを「厳しいブロックに入った」と受け止め、手綱を引き締めた。

甲子園への道は磯部が追求する「負けない野球」で切り開いた。2回戦から登場し、決勝までの6試合で5試合が逆転勝ちだった。エースの鈴木が序盤に失点しながら、追加点を許さず、打線がしぶとく追い上げる展開で勝ち抜いた。

出色だったのは準決勝の掛川西戦。1―3の八回、山本雅治（浜松信用金庫）の二塁打を足場に2死満塁と詰め寄った。ここで、ベンチは2年生の山本常義（NTT西日本）を代打に送った。山本常は準々決勝で右手中指を骨折して途中退場し、準決勝はスタメンから外れていた。

左打ちの山本常は試合前の練習で、「引っ張れる」ことを確認し、満を持して打席に入った。追い込まれながらも右中間を深々と破って、走者を一掃。起死回生の三塁打で逆転勝利を呼び込んだ。

1975年夏の県大会を制し表彰式で勢ぞろいする浜松商ナイン＝草薙球場

史上初の逆転劇に歓喜

1975年（昭和50年）夏、浜松商は逆転劇の連続で県大会を制し、甲子園に駒を進めた。8年ぶりに踏む夏のひのき舞台。1回戦の相手は竜ケ崎一（茨城）だった。1―1の六回、坂口哲也（リカーショップさかぐち）の左越え二塁打を足掛かりにつかんだ1死二、三塁の好機に、上村敏正（袋井商教頭）が打席に入った。

この時、上村は打撃指導を担当する部長の船川誠（静岡市葵区在住）から「じっくり見ていけ」との指示を受けていた。ところが、「打席に立ったら指示は頭から消えた」といい、初球を痛打。打球は左翼手の頭上を破り、2者が生還した。

殊勲の二塁打にも「（指示を忘れ）まずい、怒られると思った」と上村。だが、この一打が大きくものをいい、8―4で初戦を突破した。

続く石川（沖縄）戦は、先行を許す苦しい展開となった。だが、県大会で演じた〝逆転の浜商〟の姿を再現してみせた。

1―4で迎えた六回の攻めが逆転劇の序章だった。1死一、三塁からスクイズを敢行、1点を返した。点差と残り回数を考えれば、じっくり攻めるのが常道だが、監督の磯部修三（磐田市在住）はあえてスクイズを選択した。

2点目をもぎ取って、追撃ムードは高まった。

**1975年
夏の甲子園石川戦
出場メンバー**

⑥	犬居　進	（3年）
④	山本　雅治	（3年）
⑨	高林　基久	（3年）
③	坂口　哲也	（3年）
⑦	牧野　利夫	（3年）
⑧	山本　常義	（2年）
②	上村　敏正	（3年）
①	細田　薫	（1年）
1	鈴木　貢	（2年）
⑤	伊藤　博	（3年）

七回に5点目を与えたが、その裏、2点を返し、4—5で九回裏を迎えた。敵失とバントで二塁に走者を送ったが、既に2死。窮地の打席で高林基久が、卒業後にプロ入りする好投手、糸数勝彦に立ち向かった。

「高林を信じていた」とは試合後の主将・犬居進（渡信商店）の談話だ。磯部も同じ思いで見守った。高林は固め打ちが得意で、既に2安打していたからだ。高林は期待に応えた。左打席で2球目をとらえると、鋭く右翼ラッキーゾーンに打ち込んだ。6—5、試合はひっくり返った。史上初の逆転サヨナラ本塁打だった。

3回戦は天理（奈良）と対戦した。一回、4番坂口の左前適時打で1点を先制した。幸先いいスタートを切ったものの、エースの鈴木貢（浜松信用金庫）が制球に苦しみ、序盤から失点を重ねた。

2—9と大差で敗れた。だが、石川戦の逆転勝利で〝浜商野球〟は強く記憶に刻まれた。

1975年夏の甲子園。石川戦で劇的な逆転サヨナラ本塁打の高林（中央）を迎える浜商ナイン＝甲子園球場

浜商の躍動75年夏—78年春③

左右投手2人制が機能

1978年（昭和53年）、浜松商が春の甲子園で初制覇をやってのけた。県代表校のセンバツ優勝は、50年の韮山、52年の静岡商に次いで3度目。26年ぶりの快挙に県内は沸いた。

77年秋の西部予選2回戦。浜松工に5―3で競り勝ったのが、春の甲子園制覇への第一歩だった。西部予選はそのまま勝ち進み、1位で県大会に駒を進めた。

県大会も2回戦から登場した。まず清水工を七回コールド、9―1で退け、次いで沼津市立を2―0で下して決勝に進出、東海大会行きを決めた。決勝は東海大工と対戦。三回に大塚佳典（磐田南部中教）村松茂徳（中部ガス）の連打でチャンスをつかみ、鈴木保彦（本田技研）の三塁打と森下知幸（常葉菊川監督）のスクイズで3点を先制した。九回に1点差に詰め寄られたが3―2で逃げ切り、秋の頂点に立った。

東海大会は1回戦で大垣商（岐阜）を6―3で倒して4強入り。準決勝は青野務（本田技研）の投打にわたる活躍で、刈谷（愛知）を5―3で破った。決勝は1―6で中京（現・中京大中京、愛知）に敗れたが、決勝進出が決め手になって、翌年2月、センバツ出場の朗報が届いた。

「正直言って力がなかった」。監督の磯部修三（磐

1977年秋の県大会
1回戦清水工戦
出場メンバー

⑦鈴木　保彦（2年）
④森下　知幸（2年）
①6青野　務（2年）
③小沢　宙達（2年）
⑨1樽井　徹（1年）
⑧大軒　昭弘（2年）
⑤村松　茂徳（2年）
②大塚　佳典（2年）
⑥山田　忠（1年）
9山下　修平（2年）

田市在住）は、新チーム発足時の印象をこう振り返る。だが、戦い抜かなければならない。そこで打ち出したのが、2人の投手を育てることだった。苦い経験を重ね、「投手1人では勝負できない」ことを痛感していたからだ。

磯部の構想によると、投手陣の柱は1年生左腕の樽井徹（農業）だった。で、もう1枚は―と思案する指揮官の目は、正確無比の投球をする青野のキャッチボール姿をとらえた。「このコントロールならいける」と読んだ磯部は、遊撃手で3番打者の青野を、もう1枚の投手に指名した。

秋の県、東海大会3試合ずつを戦い、2人の継投で4試合を乗り切り、残る2試合は青野が完投した。カーブで勝負する樽井と、右打者の内角シュートがさえる青野。樽井は「秋のエースは青野さんだった。僕はいただけ」と言うが、タイプが異なる左右両投手による投手2人制が機能したことが春の甲子園につながった。

1977年秋の県大会1回戦。浜松商は清水工を相手に着々と加点＝富士球場

浜商の躍動　75年夏－78年春④

エース樽井が初の完封

「甲子園はチームを成長させる」との言葉をしばしば耳にする。1978年（昭和53年）春の浜松商は、この表現を象徴するチームだったのではないだろうか。試合のたびに力を伸ばし、ナンバーワンの座を手に入れたのだから。

14年ぶりに駒を進めた春の甲子園で、チームの評価は芳しくなかった。捕手の大塚佳典（磐田南部中教）は「3段階評価ならC、4段階ならD。どれも最も低かった」のをよく覚えている。しかし、これはあくまでも戦う前限定。戦いを終えた時、つかんだ評価は〝特A〟だった。

益田（島根）を相手にした1回戦は、冷たい雨に見舞われ、グラウンドは重馬場状態。「これでは小細工しにくい」。ぬかるんだグラウンドに、監督の磯部修三（磐田市在住）は眉を曇らせた。さらに、初戦の硬さも加わり、攻めあぐんだ。しかし、小技を使えなくても後半、しぶとい攻めで流れを引き寄せた。

六回、大軒昭弘（故人）の左前打をきっかけに1死満塁の先制機をつかんだ。ここで、得意のスクイズを失敗。逸機を思わせたが、小沢宙通《ひろみち》（遠州トラック）の押し出しの四球で0―0の均衡を破り、山下修平（浜松江西中教頭）の遊撃強襲打で2点目をもぎ取った。七回、またも押し出し

1978年 春の甲子園 登録メンバー

①	樽井	徹（2年）
②	大塚	佳典（3年）
③	小沢	宙通（3年）
④	森下	知幸（3年）
⑤	村松	茂徳（3年）
⑥	青野	務（3年）
⑦	鈴木	保彦（3年）
⑧	大軒	昭弘（3年）
⑨	山下	修平（3年）
補	田村	繁幸（3年）
	竹下	亮三（2年）
	外山	浩美（2年）
	山田	忠（2年）
	鈴木	忠雄（3年）

1978年春の甲子園で、晴れの入場行進をする浜松商ナイン

の四球で1点を加点し、リードを広げた。

2年生エースの左腕、樽井徹（農業）は立ち上がりのピンチを相手のミスで切り抜けると、二回以降は安定した投球を展開。カーブを武器に被安打5、奪三振11、与四死球2の内容で無失点に封じた。完封はもちろん完投も初めての好投だった。

2回戦は早実（東京）と対戦した。卒業後、プロ入りし中日で活躍した川又米利ら、力のある選手をそろえて有力校の一角に挙げられていた。

予想通り、苦戦を強いられた。エースの樽井に初戦の益田戦で見せた姿はなく、五回途中で青野務（本田技研）にリリーフを仰いだ。

六回を終了して1—4。敗色は濃厚、そのまま押し切られるかに思えた。だが、主将の森下知幸（常葉菊川監督）以下、選手たちはあきらめなかった。

3年前の75年夏に演じた大逆転劇。その再現を春の甲子園でやってみせたのだ。

浜商の躍動75年夏—78年春⑤

終盤に3点差はね返す

1978年（昭和53年）春の甲子園。2回戦で早実と対戦した浜松商は、七回の攻撃を迎えた。六回に4点目を許し、点差は3に広がっていた。追い詰められたまな弟子たちを、監督の磯部修三（磐田市在住）が叱咤《しった》した。「このまま負けて悔しくないのか。持っているものを全部出してみろ」と。この言葉で選手たちの反発心に火が着いた。

七回、大塚佳典（磐田南部中教）と樽井徹（農業）の連打で1死一、二塁と食い下がり、大軒昭弘（故人）の遊ゴロが敵失を誘って1点を返した。「2—4になり、勝てると思った」と磯部。

八回、森下知幸（常葉菊川監督）の左前打から2死満塁と詰め寄り、打席に樽井が入った。先発しながら五回途中で降板、右翼に回っていた。もともと打撃も非凡な樽井。痛烈な同点適時打を右前にはじき返した。

九回、今度は樽井の後を受け、マウンドを守ってきた青野務（本田技研）のバットが火を噴いた。2死二塁で早実のエース、山岡靖と対峙《たいじ》すると、外角カーブを鋭く打ち返して左中間へ三塁打、決勝点をたたき出した。

〝逆転の浜商〟の面目躍如。強豪の早実を倒してベスト8に名乗りを上げた。

1978年春の甲子園
準々決勝 対早実戦
出場メンバー

⑦鈴木	保彦	(3年)
④森下	知幸	(3年)
⑥1青野	務	(3年)
③小沢	宙通	(3年)
⑨山下	修平	(3年)
6山田	忠	(2年)
H田村	繁幸	(3年)
6竹下	亮三	(2年)
②大塚	佳典	(3年)
①9樽井	徹	(2年)
⑧大軒	昭弘	(3年)
⑤村松	茂徳	(3年)

準々決勝は東北（宮城）と対戦、強敵を得意の小技で揺さぶり、主導権を握った。

０―０の三回、村松茂徳（中部ガス）の左前打を足場に、足を絡めた攻めで無死二、三塁の好機をつかんだ。ここから森下、青野が連続スクイズを決め、２点をもぎ取った。

追加点は八回。三塁打の青野を小沢宙通《ひろみち》（遠州トラック）の遊撃強襲打で迎え入れ、ダメ押しの３点目を奪った。バットが湿っていた４番・小沢の適時打に「ほっとした」と磯部。小沢自身も「気が楽になった」という。

エースの樽井は早実戦とは打って変わって、危なげないマウンドさばきを見せた。捕手・大塚のリードで打たせて取る投球に徹し、初戦の益田戦に続いて２度目の完封勝利を収めた。

この勝利でベスト４に進出した。県代表として52年に静岡商が優勝して以来、26年ぶりのセンバツ４強入りを果たし、準決勝で桐生（群馬）と対戦した。

北関東の名門を相手にした一戦は、アクシデントに見舞われる。しかし、見事に窮地を乗り切り、勝利を手にすることになる。

浜商ナインは毎夜、宿舎で素振りに取り組み、試合に備えた＝兵庫県宝塚市

浜商の躍動75年夏―78年春⑥

連日の接戦制しV達成

１９７８年（昭和53年）春の甲子園で、浜松商は低い下馬評を覆して4強入りし、桐生（群馬）と対戦した。

２―１の五回、好投の青野務（本田技研）の右腕を桐生の左腕、木暮洋のカーブが直撃。利き腕を痛めた青野は病院に直行した。青野は先発樽井徹（農業）の乱調で、一回途中、急きょ、リリーフに立ち、桐生打線を封じていた。

想定外の事態に、右翼に回っていた樽井がマウンドに走った。六回、再びタイに持ち込まれたが、「青野にもう一度、プレーさせたい」との思いが選手たちを奮い立たせた。

七回、2死二塁から小沢宙通《ひろみち》（遠州トラック）が2本目の適時打を左前に運び、二走の鈴木保彦（本田技研）が、痛めていた左足を引きずりながら、3点目のホームイン。再登板した樽井の投球もよみがえった。得意のカーブで反撃を断ち切り、3―2で押し切った。

接戦を制し、誰もが「思っても見なかった」V決戦への扉をこじ開けた。相手は福井商（福井）だった。

決勝は試合前に打撃練習がある。ところが、浜商ベンチは福井商の後を受け、グラウンドに飛び出した選手たちを、早々に引き上げさせた。「打

1978年春の甲子園
決勝福井商戦
出場メンバー

⑦鈴木	保彦	（3年）
④森下	知幸	（3年）
⑥青野	務	（3年）
③小沢	宙通	（3年）
⑨山下	修平	（3年）
②大塚	佳典	（3年）
①樽井	徹	（2年）
⑧大軒	昭弘	（3年）
⑤村松	茂徳	（3年）

球があまりにも違い、非力さが目立ちすぎると判断した」と監督の磯部修三（磐田市在住）。

　試合が始まると、一回、1死三塁のピンチを招いた。しかし、樽井と大塚佳典（磐田南部中教）のバッテリーがスリーバントのサインを見破った。

　このプレーが流れを呼び込んだ。もう打球に試合前のような違いはなかった。三回、小沢の連日の殊勲打で1点を先制した。その後、福井商の右下手投げ、板倉利弘を攻めあぐんだが、八回には試合を決める2点目をもぎ取った。1死一、二塁で二走の森下知幸（常葉菊川監督）が、ノーサインの三盗を敢行。2死後、山下修平（浜松江西中教頭）がしぶとく右前に落として、森下を迎え入れた。

　2—0の九回、福井商最後の打者のイレギュラー打を一塁手の小沢が好捕。次の瞬間、マウンドに歓喜の輪ができていた。

　磯部と部長の船川誠（静岡市葵区在住）に「弱い」と叱咤《しった》され続けながら、やってのけた全国制覇。「まさかのまさか。本当に自分が」。そう思ったとたん、こらえ切れなくなった主将の森下は、優勝旗を手に号泣しながらV行進を先導した。

選抜制覇を達成した浜商ナインは、宿舎に戻り、喜びをあらためてかみしめた＝兵庫県宝塚市（記念誌「闘魂浜商野球」から）

苦戦乗り越え秋県王座

「目指すは上位進出」という時の上位とは―。答えは「ベスト4」となろうか。ちなみにサッカーの全国高校選手権は、4強入りしなければ聖地・国立競技場のピッチを踏むことはできない。その上位の証しであるベスト4に、東海大一が1983年（昭和58年）の春の甲子園で駒を進めた。

前年8月、新チームがスタートした。監督はOBであり、野球部1期生の斉藤鉄夫（静岡市清水区在住）。兄弟校の東海大工を72年夏の甲子園に導いた実績を持ち、80年から母校の指揮を執っていた。

斉藤は新チームに好感触を持っていた。直前の夏の県大会主力組がごっそり残ったからだ。「投手力が不安だった」というが、投手陣を構成するエースの杉本尚彦《たかひこ》と双子の兄の杉本康徳（ともに杉本農園）に、杉本佳巳（和歌山市在住）を加えた杉本トリオはそろって非凡な力を秘めていた。

選手たちも「そのつもりだった」（主将の岸満晴＝名古屋市在住＝）と、新チーム結成当時から甲子園を意識していた。ところが、いきなり出だしでつまずく。

秋の県大会中部予選静清地区1回戦で、静岡商に1―5で完敗したのだ。「勝つことだけ考えていたのでショックだった」と岸。それでも敗者

1982年秋の県大会沼津市立戦出場メンバー

⑧千葉　孝志（2年）
⑨時田　正史（2年）
④良知　操夫（2年）
③羽山　忠宏（2年）
3市川　修（2年）
⑤岸　満晴（2年）
⑦太田代慎也（2年）
⑥村田　真（2年）
②柴山　知生（2年）
①杉本　尚彦（2年）

復活戦の末、どん尻の7位で静清地区の争いを抜け出すと、中部予選は2位で通過し、県大会に勝ち上がった。

「力があるのに波に乗れず、あっぷあっぷした」。5番打者の太田代慎也（日本IBM）が、苦しんだ地区予選をこう振り返り、2番に入った時田正史（富士市役所）は県大会前、「監督に活を入れられた」ことを鮮明に覚えている。

県大会は、1回戦で浜北西を五回コールド、14―3と退けたが、2回戦は沼津市立に苦戦し、0―3とリードを許した。しかし、打線が奮起。良知操夫（現・岸山、国立印刷局）の一撃を皮切りに、本塁打攻勢で6―4と逆転勝ちし、4強入りした。

準決勝は浜名に先手を取られたが、効果的に加点して試合をひっくり返し、6―1で下した。決勝は静岡と対戦、常に先手を取る攻めと杉本トリオの継投策で、5―3で競り勝ち、初めて秋の県王座に就いた。

続く戦いは東海大会。春の甲子園を目指し、最終関門突破に果敢に挑んだ。

1982年秋の県大会を制し、表彰を受ける東海大一ナイン＝草薙球場

東海4強善戦、甲子園へ

１９８２年（昭和57年）秋の東海大会。県1位校の東海大一は２回戦から登場し、県岐阜商（岐阜）と対戦した。

一回、四球と盗塁で二進した時田正史（富士市役所）を、羽山忠宏（アステラスファーマテック）の中前適時打で返し、すかさず1点を先制。二、三回にはバントを絡めて抜け目なく加点し、4—0とリードを広げた。

五回、好投していたエースの杉本尚彦《たかひこ》（杉本農園）がつかまり3失点、1点差に詰め寄られた。しかし七回、主将・岸満晴（名古屋市在住）の左越え二塁打で貴重な追加点を奪い、5—3で押し切った。

**1983年
春の甲子園
登録メンバー**

①杉本　尚彦（3年）
②柴山　知生（3年）
③羽山　忠宏（3年）
④良知　操夫（3年）
⑤岸　満晴（3年）
⑥村田　真（3年）
⑦太田代慎也（3年）
⑧千葉　孝志（3年）
⑨時田　正史（3年）
補杉本　康徳（3年）
　市川　修（3年）
　池谷　悟（3年）
　石垣　和彦（3年）
　増田　勝秀（3年）
　木村　正吾（3年）

準決勝は岐阜一（岐阜）を五回表までに5—0と大きくリードした。ところが五回裏、杉本尚がまたも乱れて一気に4失点。七、八回にも1点ずつを失い、5—6とまさかの逆転負けを喫した。

センバツ出場を懸けた戦いで敗れた。だが、惜敗だった。当時の東海地区代表枠は三つ。もう一方の準決勝が大差の決着だったこともプラスに作用し、翌83年2月の選考委員会で、7年ぶり2度目の春の甲子園出場が決まった。

朗報に沸く中、登録メンバー15人が決まり、17人の東海大会メンバーから2人が外れた。富岡伸行（富岡ポンプ工業所）はその1人で、「甲子園の土を踏む」夢はかなわなかった。だが、27年後の2010年、高校球児時代からの夢を審判として実現させた。卒業後、志した審判での取り組みが認められ、夏の甲子園の派遣審判委員に選ばれたからだ。

1983年春のセンバツ開会式で入場行進をする東海大一ナイン＝甲子園球場

さて、7年ぶりの晴れ舞台は―。1回戦は福井商（福井）と顔を合わせた。北陸の強豪が相手だったが、優勢に試合を進めた。

五回、太田代慎也（日本IBM）村田真（宮城県気仙沼市在住）の連続二塁打で2点を先制。六回は時田の三塁打、七回は羽山の本塁打で1点ずつ、と長打力を生かし、着実に加点した。

投げては杉本尚が力投した。以前のように突然崩れることもなく、安定感あふれる投球を展開、失点を六回の1点に抑えて、4―1で完投勝ちした。

ところが、好事魔多しということだろうか。福井商戦の翌日、好投を見せた杉本尚の右腕が激痛に見舞われた。不安材料を抱えたまま、2回戦の桜美林（東京）戦に臨むことになった。

杉本尚、痛みと闘い力投

1983年（昭和58年）の春の甲子園で、東海大一は2回戦の桜美林（東京）戦を前に、エースの右腕、杉本尚彦《たかひこ》（杉本農園）が右肘痛に見舞われた。

杉本尚は1回戦で福井商（福井）を相手に、5安打1失点の好投をみせた。ところが翌日、右肘に激痛が走り「固まってしまった」という。2日間はボールを握らず、肘を休めることに専念。治療のために名古屋市内まで足を運んだ。

桜美林戦を迎え、監督の斉藤鉄夫（静岡市清水区在住）が先発に送り出したのは、尚彦の双子の兄、杉本康徳（杉本農園）だった。「初登板で上がってしまい、よく覚えていない」というが、三回まで1安打、無得点に封じ、四回から弟・尚彦にマウンドを託した。

後を受けた背番号1は、肘の痛みと闘いながら力投。残る6イニングを3安打、無得点に抑えた。杉本兄弟の熱投に打線も奮起した。0―0の七回、左中間三塁打の岸満晴（名古屋市在住）を、村田真（宮城県気仙沼市在住）が鮮やかなスクイズで迎え入れた。

八回、「尚彦を少しでも楽にしてやりたい」と気合を込めた羽山忠宏（アステラスファーマテック）の左中間適時打で1点を追加。九回には柴

1983年
春の甲子園 桜美林戦
出場メンバー

⑧	千葉 孝志	（3年）
⑨	時田 正史	（3年）
④	良知 操夫	（3年）
③	羽山 忠宏	（3年）
⑦	太田代慎也	（3年）
⑤	岸 満晴	（3年）
⑥	村田 真	（3年）
①	杉本 康徳	（3年）
1	杉本 尚彦	（3年）
②	柴山 知生	（3年）

山知生（東京都町田市在住）の左中間を破る三塁打で3点目を奪い、試合を決めた。

守りでは六回のスクイズ封じが光った。1死三塁のピンチに、スクイズを予感した杉本尚が思い切りよく外角へ外し、飛び出した三走を挟殺して、桜美林の先制機を見事に断ち切った。

杉本兄弟の息の合った完封リレーで桜美林を退けて8強入りし、準々決勝は享栄（愛知）と対戦した。享栄は翌年、ドラフト1位で中日入りする主砲の藤王康晴、後に中大―河合楽器で活躍するエースの平田幸夫ら好選手を擁していた。

試合は杉本尚と平田の投げ合いで進んだ。0―0の均衡を破ったのは東海大一。七回、二塁に岸を置き、杉本尚自ら中堅右に適時打を放って1点を先制した。だが、享栄も粘った。九回、藤王の中前打を足場に1点をもぎ取って追い付いた。

東海勢対決は互いに譲らず、1―1のまま、延長にもつれ込んだ。

1983年春の甲子園　桜美林戦7回表1死三塁、村田が鮮やかに先制のスクイズを決める=甲子園球場

東海大一 選抜ベスト4 ④

超美技に好機阻まれる

1983年（昭和58年）春の甲子園準々決勝。東海大一は享栄（愛知）を相手に勝負強さを発揮して、サヨナラ勝ちする。

1―1で迎えた延長十回裏、享栄のエース・平田幸夫を攻め、1死満塁の絶好機を生み出した。ここで打席に入ったのは太田代慎也（日本IBM）。「外野フライでいい」と気負いはなかった。

1―1からの3球目、真ん中の直球を鋭くとらえた打球は中堅への大飛球。三走の時田正史（富士市役所）は「これならいける」と確信。余裕のタッチアップで決勝の本塁を踏み、ベスト4進出を決めた。

エースの杉本尚彦（杉本農園）は、右肘の痛みに耐えながら10回を投げ切った。力で押す本来の姿でなかったが、丁寧にコーナーを突き、享栄打線を5安打に抑えた。

勝ち進んだ準決勝の相手は横浜商（神奈川）。「Y校」と呼ばれる伝統校で、この年のドラフトで中日入りする本格右腕の三浦将明を軸に前評判は高かった。

一回、いきなり1点を先制された。攻めては再三、チャンスをつかみながらも決定打を欠き、0―1のまま、勝敗の分岐点となる六回を迎えた。この回、柴山知生（東京都町田市在住）が右中

1983年春の甲子園準決勝出場メンバー

⑧千葉　孝志（3年）
⑨時田　正史（3年）
2木村　正吾（3年）
④良知　操夫（3年）
H石垣　和彦（3年）
③羽山　忠宏（3年）
⑦太田代慎也（3年）
⑤岸　満晴（3年）
⑥村田　真（3年）
①杉本　尚彦（3年）
1杉本　康徳（3年）
②柴山　知生（3年）
H9市川　修（3年）

間打で出塁。千葉孝志（神奈川県藤沢市在住）のバント、それに時田の四球で2死二、三塁と絶

1983年春の甲子園準決勝後、ベンチ前に勢ぞろいする東海大一ナイン＝甲子園球場

好の逆転機をつかみ、羽山忠宏（アステラスファーマテック）が打席に向かった。

前の打席まで無安打だったが、「そろそろいけそうだ」と感じていた。羽山の打球は快音を残し、遊撃手・西村隆史の頭上を襲った。「抜けたと思った」と羽山。だが、西村の超美技に阻まれた。監督の斉藤鉄夫（静岡市清水区在住）は「抜けていれば試合の流れも、その後の人生も変わったかもしれない」と苦笑する。

連投の杉本尚の右肘は限界に達していた。それでも初回の1失点にしのいでいたが、七回、手痛い2点目を与え、兄の杉本康徳（杉本農園）に後を託した。だが、傾いた流れは覆せなかった。八回にも2点を奪われ、0―4で敗れた。

「Y校の方が上だった」と主将の岸満晴（名古屋市在住）。しかし、2007年の常葉菊川センバツ制覇まで、24年間、春夏の甲子園で東海大一の「ベスト4」を上回る県代表は現れなかった。

浜松商 PLに借り返す①

相次ぐ接戦 東海準V

いま、高校球界で西の横綱は―と問えば、紛れもなく「大阪桐蔭」との答えが返ってこよう。だが、時を1980年代に戻せば、真っ先に「PL学園」（大阪）の名が挙がる。

そのPLと浜松商が85、86年（昭和60、61年）と2年連続、春の甲子園初戦で対戦した。最初の対決は1―11の大敗だったが、1年後は8―1で圧勝した。大差の敗戦から一転、見事に借りを返した戦いぶりは、センバツの語り草だ。

84年8月、85年組となる新チームが始動した。指揮を執るのは、OBの上村敏正（袋井商教頭）。上村は浜松商が75年夏の甲子園で大逆転劇を演じた時の正捕手である。

「このチームなら、なんとか（再び甲子園に）行けそうだ」。上村は新チームにこんな感触を持った。4月に監督に就任したばかりの上村だったが、母校をいきなり夏の甲子園に導いた。甲子園後、メンバーは大きく入れ替わった。だが、核になる顔ぶれが残ったことが、「行けそうだ」の根拠になった。

翌春の甲子園を懸けたレースが始まった。ところが、道のりは険しかった。秋の県大会西部予選は、決勝で袋井に2―3で敗れ、地区2位で臨んだ県大会は、準決勝で清水商に4―5で競り負

1984年 秋の東海大会 登録メンバー

①	浜崎　淳	（2年）
②	加藤　幹夫	（2年）
③	鈴木　広達	（2年）
④	中島　進	（2年）
⑤	池谷　昌彦	（2年）
⑥	鈴木　俊夫	（2年）
⑦	間宮　健次	（2年）
⑧	石牧　和晃	（2年）
⑨	中島　和規	（2年）
補	森田　憲審	（2年）
	大庭　恵	（1年）
	斉藤　佳之	（2年）
	久保田尚宏	（2年）
	寺田　健記	（1年）
	伊藤　義朗	（2年）
	池本　則之	（2年）
	林　将光	（2年）

けた。それでも、3位決定戦で富士宮北を7―6で振り切り、しぶとく東海大会行きを決めた。西部予選準々決勝から県大会3位決定戦まで、7試合連続1点差の決着。続く東海大会も接戦の連続だった。

1回戦は海星（三重）の北野勝則、2回戦は享栄（愛知）の近藤真市と、ともにプロ入りする大型左腕を攻略、6―5、7―4で制して4強入り。準決勝は同じ県勢の静岡に6―4で競り勝って決勝に進出、翌春の甲子園を決定づけた。

接戦の極め付きは東邦（愛知）との決勝だった。連投のエース・浜崎淳（JR東日本）が一回にいきなり5点を失った。しかし、猛然と追い上げて乱戦に持ち込み、8―12の九回表、石牧和晃（ドコモエンジニアリング東海）以下の6長短打で6点を奪い、14―12とひっくり返した。

だが、勝利はつかめなかった。その裏、東邦の反撃に3失点、14―15で逆転負けした。土壇場で勝利を逃した。だが、粘りの野球が評価され、翌年2月、センバツ決定の朗報が届いた。

1984年秋の県大会をしぶとく突破した浜松商ナイン＝浜松球場

「KK」に屈すも手応え

1985年（昭和60年）の春の甲子園で、注目の的は桑田真澄、清原和博（ともにプロ野球解説者）を擁するPL学園（大阪）だった。PL初戦の相手は―。抽選会で浜松商の主将・間宮健次（本田技研）が対戦を引き当てると、会場はどよめきに包まれた。

池谷昌彦（JT）は「PL以外なら」と抽選を注視し、林将光（メインワシントン）は「PLか」と思わず苦笑。浜商ナインは思い思いに本命との対決を受け止めた。

開会式が雨にたたられたため、2日遅れの対戦となった。一回表、先頭の中島進（浜北ロジスティック）がPLのエース、桑田の初球を右前に運んだ。「制球がいいから1球目から行け」が、監督・上村敏正（袋井商教頭）の指示だった。

林が手堅く送って1死二塁。続く石牧和晃（ドコモエンジニアリング東海）の一打は右前に飛んだ。微妙な当たりで二走・中島はスタートを一瞬、逡巡《しゅんじゅん》し、本塁を奪えなかった。「あそこで先制していれば、と思うと今でも悔しい」。中島の言葉に実感がこもる。

五回表を終わって1―3。リードは許していたが、内容は互角。安打数では上回っていた。こうして、上村が「ポイントだった」とみる五回裏の

1985年春の甲子園
PL学園戦
出場メンバー

④中島	進	（3年）
⑨林	将光	（3年）
H91大庭	恵	（2年）
⑧石牧	和晃	（3年）
⑦間宮	健次	（3年）
②加藤	幹夫	（3年）
③鈴木	広達	（3年）
⑥伊藤	義朗	（3年）
①浜崎	淳	（3年）
9中島	和規	（3年）
⑤池谷	昌彦	（3年）

PLの攻撃を迎えた。

無死から打席に入ったのは清原。浜崎淳（JR東日本）―加藤幹夫（KATOH・MANAGEMENT）のバッテリーは、外角攻めを念頭に攻めた。1―1からの3球目。外角を狙いながらやや真ん中に入ったスライダーを清原がとらえた。

1985年春の甲子園。PL学園戦前日、浜松商ナインは意欲的に走り込んだ＝西宮市鳴尾浜臨海グラウンド

ベンチの上村は「こすったようにみえ、打ち取ったと思った」。ところが、マスク越しの加藤は「（外野の間は）抜かれる」と直感したといい、打球は「取れると思った」右翼手・林の頭上を越えて、右中間ラッキーゾーンに飛び込んだ。

この一撃で流れはPLに傾いた。粘りの投球を見せていた浜崎が終盤、つかまり、大量点を追加された。攻めては桑田を降板させ、八回途中からは3番手として清原をマウンドに引っ張り出した。しかし、有効打を欠き、得点は三回の1点だけにとどまった。

1―11と、大差で屈した。だが、中盤までは「行けるぞとの気持ちになった」と鈴木広達（中部電力）。1年後、行けるぞとの思いは現実のものになる。

浜松商PLに借り返す③

猛練習で県王座つかむ

１９８６年（昭和61年）春の甲子園開会式で、前年に続き、入場行進をする浜松商の姿があった。そんな教え子たちの行進ぶりを、監督の上村敏正（袋井商教頭）はスタンドで感慨を込めて見詰めていた。

前年８月、上村は新チーム発足直後の練習試合が忘れられなかった。「ぼろぼろにやられ」、対戦相手の指導者から「今度は甲子園は無理」と断言されたのだから。

夏の県大会のレギュラークラスの大半が抜けて、戦力低下は否めなかった。「行けそうだ」との感触を持った1年前の始動時とは明らかに差異があった。では、「このチームで勝負するには」。自問した上村が出した答えは「練習」で、「めちゃめちゃやった」と振り返る。

選手も「弱いのは自覚していた」と主将の小出健司（藤枝明誠中監督）。だから、「練習しかない」と受け止め、叱咤《しった》する上村と向き合った。よく「練習は裏切らない」という。この言葉を小出以下、新チームの歩みが証明した。

西部予選を圧倒的強さで制し、県大会は富士宮西を４―３、沼津学園（現・飛龍）を３―０で退けて決勝に進出。決勝は東海大工の追撃をかわし、６―４で競り勝って、秋の県王座に就い

**1985年
秋の県大会決勝
出場メンバー**

⑥	寺田	健記（2年）
②	小出	健司（2年）
⑨	中山	正広（2年）
⑧	宮田	尚樹（2年）
①	大庭	恵（2年）
③	大橋	一也（1年）
⑦	清水	佳夫（2年）
⑤	鈴木	彰宏（2年）
④	鈴木	規純（2年）

た。

「これだけ練習をやったんだから、負けるわけにはいかない。そう思って戦った」と、中軸打者の中山正広（現・中村、アサヒヤ）。エースの大庭恵（JR東海）が西部予選からすべて一人で投げ切り、打線もつなぎの野球でしぶとく得点を重ねた。もはや、練習試合で「ぼろぼろにやられた」チームの姿ではなかった。

県1位で挑んだ東海大会は2回戦から登場し、愛工大名電と対戦した。愛知3位ながら現・中日の山崎武司が4番に座る好チームだった。その強敵に5―4で競り勝ち、準決勝に進んだ。

4強対決の相手は愛知1位の東邦だった。四回までに1―3とリードされる苦しい展開となった。しかし、大庭が踏ん張って五回以降はゼロに抑えた。打線も奮起、九回、1点差に詰め寄った。

あと一押しを欠き、2―3で涙をのんだ。だが、最後まであきらめない戦いぶりが認められ、春の甲子園行きの切符が届いた。センバツ出場は2年連続6度目だった。

1986年春の甲子園開会式で入場行進する浜松商ナイン＝甲子園球場

浜松商 PLに借り返す④

下馬評覆し値千金白星

「まさか、またPL!」。1986年（昭和61年）春の甲子園の組み合わせ抽選会場でどよめきが起こった。浜松商の主将・小出健司（藤枝明誠中監督）が、1回戦の対戦校を引き当てると—。

PL学園（大阪）は前年も1回戦で顔を合わせ、1—11と大差で屈した相手だった。2年連続の初戦対決は注目を集め、午前8時の試合開始にもかかわらず、スタンドは内外野とも埋め尽くされた。

PLは桑田真澄、清原和博（ともにプロ野球解説者）が抜け、メンバーは一新された。とはいえ、2年生ながら5割打者の立浪和義（日本代表コーチ）ら、非凡な選手をそろえていた。

予想はやはりPL優勢だった。ところが、浜商ナインは下馬評を覆した。

二回、無死二、三塁の絶好機をつかむと、宮田尚樹（JR東海）が左前へ快打し、1点を先制した。宮田は秋まで4番打者だったが、不振に陥り、6番に回っていた。「打順は気にしなかった」というが、そこは元4番。先制点をたたき出し、チームに勢いをもたらした。

この回、もう1点を加え、三回には飯田淳史（飯田クリーニング）の左前適時打などで2点を奪った。飯田は2年生。秋まで控えだったが、好調な

1986年 春の甲子園 登録メンバー

①	大庭	恵	(3年)
②	小出	健司	(3年)
③	飯田	淳史	(2年)
④	山下	晴輝	(2年)
⑤	大橋	一也	(2年)
⑥	寺田	健記	(3年)
⑦	鈴木	雅之	(2年)
⑧	宮田	尚樹	(3年)
⑨	中山	正広	(3年)
補	佐藤	敏夫	(3年)
	鈴木	彰宏	(3年)
	清水	佳夫	(3年)
	中村	功二	(3年)
	鈴木	規純	(3年)
	県	俊樹	(2年)

1986年春の甲子園でPL学園を倒し、喜びにあふれる浜松商ナイン＝甲子園球場

打撃を買われて、甲子園でいきなり4番に抜てきされ、期待に応えた。さらに八回、寺田健記（ヤマハ）の左中間三塁打を足場に集中打で4点をもぎ取って、試合を決めた。

　エースの大庭恵（ＪＲ東海）は粘投した。三回まで走者を許さなかったが、四回以降、６イニングで11安打を浴びた。しかし、マスクをつける小出とのコンビで苦心の投球を見せ、失点を六回の1点だけに抑え、最後まで投げ切った。

　大きくリードする展開にも「いつか追い付かれる、との思いがあった」と、小出と飯田。だが、反撃は許さず8―1と大勝し、大差で敗れた1年前の借りを見事に返した。

　2回戦は広島工（広島）と対戦した。大庭は2失点と踏ん張ったが、打線が沈黙。それでも八回、寺田の中前適時打で1点差に詰め寄った。しかし、粘りもここまで。1―2で押し切られた。

　白星は一つにとどまった。といっても、その白星は値千金。センバツ史にくっきりと刻まれている。

監督が「ずるさ」を要求

「春の覇者は夏勝てない」は、県高校球界のジンクスと言われ続けてきた。春の県大会が始まった１９５１年（昭和26年）から２０１２年までの61年間で、春、夏の県大会を制し、夏の甲子園に名乗りを上げたのはわずかに2校。65年の東海大一と97年（平成9年）の浜松工である。

52年、静岡商が春夏の県大会を制覇した。ところが、山静大会で敗れ、夏の甲子園行きを逃した。当時の県勢にとって、山静大会が夏の甲子園の最終関門だった。

東海大一は51年創部。56年に監督に就任した若月聡（故人）の下で、徐々に力をつけ、60年代前半には県大会の上位常連校の仲間入りをする。

こうした流れの中、64年8月、県内で初めて春と夏の県大会を制し、夏の甲子園に出場した65年組が始動する。

まず挑んだのは翌春の甲子園につながる秋の県大会。中部予選は敗者復活戦に回りながらしぶとく勝ち抜いたが、県大会は１回戦で夏の甲子園代表の掛川西に１―２で競り負け、センバツ行きの道を断たれた。

目標を翌夏に切り替え、冬場は徹底して走り込んだ。練習終了後、学校と監督の自宅まで往復15、16キロを連日走り抜いた。自発的な練習

1965年春の県大会1回戦沼津商戦の出場メンバー

④窪田	良久（3年）
⑥伊沢	公夫（3年）
③前沢	尚（3年）
⑧内田	順三（3年）
②湯本	弘司（3年）
⑤大房	正治（3年）
⑨山田	常作（3年）
⑦杉山	謹弥（3年）
7森下	新也（3年）
①山本	洋士（2年）

だったが、実は「（監督に）走るようにし向けられた気がする」と主将の大房正治（三島市議）。

65年のセンバツに本県から出場したのは静岡だった。小田義人（ヤクルトスカウト）ら後のプロ組4人を中心に戦力は群を抜いていた。このため、若月の口癖は「まともにやっても静高には勝てない」だったと、捕手の湯本弘司（折戸生涯学習交流館長）と二塁手の窪田良久（現・石川、静岡市清水区在住）は思い返す。

そんな若月が要求したのは「ずるい野球」（湯本）だった。相手の隙を突き、足を絡めて揺さぶるプレーを身に付けさせた。

春の県大会が始まった。中部予選は準決勝で敗れたが、順位決定戦を制して3位で県大会に進み、1回戦で沼津商と対戦した。試合は投手戦となり、0―0で延長にもつれ込んだ。ここで威力を発揮したのが足を生かした揺さぶりだった。

延長十一回表1死一、二塁、二走の内田順三（広島2軍監督）と一走の湯本が重盗を仕掛けた。この奇襲作戦をきっかけに一気に4点をもぎ取り、春夏県制覇へ第一歩を踏み出した。

春に続き、夏の県大会も制した1965年の東海大一の面々
（東海大一高創立30周年記念誌から）

第1シード、夏勝ち進む

1965年（昭和40年）春の県大会。東海大一は1回戦で沼津商を延長十一回、4—0で下し、準決勝で静岡市立と対戦した。沼津商戦は湿り気味だった打線が、この一戦はよく機能。先発全員の14安打で七回コールド、10—1と大勝して決勝に進んだ。

決勝は浜松商との顔合わせとなった。二回に1点を先制されたが、三回、内田順三（広島2軍監督）の右越え二塁打と湯本弘司（折戸生涯学習交流館長）の右犠飛で2—1と逆転。その後は好走塁やエンドランなど持ち前の機動力野球を展開して着実に加点、8—2の圧勝で春の頂点に立った。

1965年夏の県大会
準決勝静岡商戦の出場メンバー

④窪田	良久	（3年）
⑥伊沢	公夫	（3年）
③前沢	尚	（3年）
⑧内田	順三	（3年）
⑤大房	正治	（3年）
②湯本	弘司	（3年）
⑨山田	常作	（3年）
⑦森下	新也	（3年）
①山本	洋士	（2年）
1長島	政志	（3年）

創部15年目。春、夏、秋三つの県大会合わせ、5度目の決勝進出で初めて手にした県の王座だった。

東海大会は準決勝で大府（愛知）に0—1で競り負けたが、夏の県大会は春の覇者の指定席である第1シードで臨んだ。

春の県大会2年目の52年、静岡商が春に続き、夏の県で優勝しながら、当時存続していた山静大会で敗退し、夏の甲子園への道を断たれた。57年、春優勝の清水東が夏は準Vに終わりながら山静を制し、甲子園に進んだが、この年を除けば春の優勝校は夏の甲子園を逃し続けていた。

65年夏の県大会は、当然のことながら第1シード東海大一の戦いぶりが注目された。すなわち「春の覇者は夏勝てない」のジンクス打破なるか

第8498号

東海一高に初の栄冠

春季県高校野球（最終日）

みごとな機動力

三回にすかさず逆転

決勝・東海一—浜松商戦、浜商は四回裏二死二、三塁の好機に鳥居が右前打、三走鈴木進に続いて和久田も二塁からホームをねらったが好返球に寸前憤死、逆転ならなかった。捕手湯本、球審小湖＝静岡球場で

東海、14安打の猛攻

静市商は1安打に終る

東海大一の春制覇を伝える1965年5月6日付静岡新聞

—が焦点の一つだったからだ。

周囲の声をよそに、選手たちは冷静だった。ジンクスは「周りが騒いでいるだけ」（主将の大房正治＝三島市議）と受け止め、プレーに集中した。

2回戦から登場し、浜松城北工、焼津中央、島田工にいずれもコールド勝ちして8強入り、準々決勝も清水東を5—0で退けた。

準決勝は静岡商と顔を合わせると、準々決勝までと試合の様相は一変、僅差の競り合いとなった。1—1の六回2死一、二塁から湯本が中前に打ち返し、二走の内田を迎え入れた。湯本の一打は殊勲打となり、2—1で決勝に進んだ。

決勝進出は果たした。しかし、アクシデントに見舞われていた。4強対決の試合前、相手のシートノック中の球が2年生エースの山本洋士（故人）の顎を直撃した。それでも山本は六回途中まで投げ続けたが、試合後、顎の骨折が分かり、決勝はエース不在で戦うことになった。

私学初の甲子園代表に

１９６５年（昭和40年）夏の県大会で、東海大一は決勝に駒を進め、春夏連覇に王手を掛けた。

決勝はセンバツ8強の静岡と対戦、長島政志（静岡市在住）が先発した。２年生エースの山本洋士（故人）が準決勝で顎を骨折したため、監督の若月聡（故人）は3年生の長島にV決戦のマウンドを託した。

立ち上がりの長島は制球に苦しみ、一回、いきなり3点を奪われた。だが打線が奮起。その裏、窪田良久（現・石川、静岡市清水区在住）伊沢公夫（伊豆トラベル）の1、2番の連打を皮切りに鋭い攻めをみせ、すかさず追い付いた。

長島は立ち直った。カーブを効果的に使って二回以降、強打線を沈黙させ、追加点を許さなかった。

戦いは互いに譲らず、延長に突入。3―3で迎えた延長十回裏、1死満塁の絶好機をつかんだ。ここで4番内田順三（広島2軍監督）がスクイズを敢行。強打の内田が高校時代、1度だけ試みたバントだった。意表を突くスクイズ作戦は的中、サヨナラの勝利をもぎ取った。

春夏の県制覇を達成し、〝ジンクス〟を破って、初の甲子園出場を勝ち取った。さらに県内初の私学の代表校ともなった。

1965年 夏の甲子園 登録メンバー

①	山本	洋士	(2年)
②	湯本	弘司	(3年)
③	前沢	尚	(3年)
④	窪田	良久	(3年)
⑤	大房	正治	(3年)
⑥	伊沢	公夫	(3年)
⑦	杉山	謹弥	(3年)
⑧	内田	順三	(3年)
⑨	山田	常作	(3年)
補	長島	政志	(3年)
	森下	新也	(3年)
	飯塚	堯	(3年)
	中谷	裕次	(3年)
	杉山	正直	(2年)

〝打倒静高〟を果たし、初めて挑んだ甲子園。1回戦で同じ初陣の鹿沼農商（現・鹿沼商工、栃木）と顔を合わせた。

先発は山本だった。しかし、顎は固定され、流動食主体の食事とあって、本来の出来に程遠く二回途中、2点を先制されて降板した。バトンを受けた長島が好投、見事に相手の攻めを断ち切った。

攻めてはしぶとく追い上げた。七回、主将・大房正治（三島市議）の右犠飛で勝ち越し、九回には窪田の自らの判断による本盗でダメ押し点を奪い、4―2で逆転勝ちした。

打線で気を吐いたのは伊沢。前日40度の高熱に苦しんだが、主将の大房とともに監督に出場を直訴、3安打の固め打ちで勝利に貢献した。

2回戦は三池工（福岡）と対戦。巨人監督の原辰徳の父、原貢に率いられ、同じ初陣組ながら投打とも傑出した力を擁していた。22安打を許し、1―11と大差で敗れた。大敗に沈むナインを、ベンチの若月はいとおしむように出迎えた。「よくやった」の言葉とともに。

1965年夏の県大会でV行進をする東海大一ナイン＝草薙球場
（東海大一高創立30周年記念誌から）

夏の主力組残り手応え

東海大一の春夏制覇から32年後の1997年（平成9年）、浜松工が春夏の県大会を制し、夏の甲子園へ駒を進めた。

96年8月の新チーム発足時から、監督の内山秀利（浜松湖南教）は翌年の甲子園に照準を合わせていた。この年、春の甲子園の土を踏み、夏は県大会4回戦で敗れた。しかしエースの伊藤幸広（ヤマハ）を筆頭に主力組がそっくり残ったとあって、「このメンバーなら負けるわけはない」が内山の偽らざる思いだった。

練習試合は負け知らず。それも、一方的な勝利が目立った。ところが秋の県大会西部予選は1位で通過したものの、僅差の勝利が続いた。特に初戦（2回戦）は引佐に2―1と苦戦した。内山は「大勝ちばかりしていたので、いま思えば（苦戦は）いい経験になった」と振り返る。

県大会は「負けるわけがない」との指揮官の受け止めを体現するように、他を寄せ付けない戦いぶりで勝ち抜いた。圧巻は準々決勝の浜松商戦。二回に大量10点をたたき出し、15安打をつるべ打って15―1で五回コールド勝ちした。

県1位で臨んだ東海大会も投打に安定していた。初戦（2回戦）は豊田大谷（愛知）を7―1と圧倒、準決勝で中京大中京（愛知）と対戦

1996年秋の東海大会準決勝中京大中京戦の出場メンバー

⑧小池　樹典（2年）
③中村　大和（2年）
⑤小島　研哉（2年）
⑦桑原　克仁（2年）
⑨鈴木　浩史（2年）
⑥森下　将吾（2年）
①伊藤　幸広（2年）
②久米　雅也（2年）
④古山　剛志（2年）

した。三回に1点を先制されたが、四回に追い付くと六回、小島研哉（小島鉄工所）の右犠飛と桑原克仁（桑原土建）の右中間二塁打で2点を勝ち越し、九回も3点を加えて6―1で決勝に進出した。

1996年秋の東海大会準決勝。中京大中京を下し、センバツへ大きく前進して喜ぶ浜松工ナイン＝浜松球場

　準決勝の勝利で翌春の甲子園に大きく前進。決勝で桑名西（三重）を11―6で下し、センバツ出場を決定づけた。

　東海大会後の明治神宮大会は、1回戦で佐久長聖（長野）に5―6で競り負けた。だがこの敗戦まで公式戦は負けがなく、連勝を12まで伸ばしていた。

　97年2月、代表決定の知らせが届き、2年連続3度目の春の甲子園に駒を進めた。その後も強さを誇って、春夏の県大会で頂点に立ち、夏も甲子園の土を踏んだ。

　しかし指揮を執った内山が「最も強かった」と受け止めているのは勝ちを重ね続けた96年秋だ。選手たちの思いも同じだった。主将の古山剛志（匠志建設）は言う。「まとまっていた。負ける気がしなかった」と。

東海大一、浜工 ジンクス破る⑤

選抜出場、力出し切れず

1997年（平成9年）、浜松工は前年に続き、春の甲子園に出場した。

1回戦は前橋商（群馬）と対戦、エースの伊藤幸広（ヤマハ）が申し分のない投球をみせた。最速140キロの直球にカーブ、スライダー、それにナックルを交え、1安打に封じ込んだ。

監督の内山秀利（浜松湖南教）によると、伊藤は「練習より実戦で力が出る」タイプで、本番での強さを存分に見せつけた。捕手の久米雅也（本田技研熊本）は、調子のいい球を見極めてリード。この試合も含め、「（伊藤は）サインにほとんど首を振らなかった」という。

強力打線は本来の出来ではなかった。だが、二回、森下将吾（春華堂）の左中間三塁打で1点を先制。六回には伊藤が自らしぶとい中前適時打で追加点を奪い、2―0で初戦を突破した。

2回戦は天理（奈良）と顔を合わせた。天理は1回戦でサヨナラ勝ちし、意気上がっていた。勢いの差ははっきりと試合に現れ、0―7で涙をのまされた。センバツ本番を前に、内山はチーム全体の盛り上がり不足を懸念していた。晴れ舞台に立ってもチーム状態は戻らず、8強入りを逃した。

甲子園から戻り、夏に向けて再スタートした。

1997年春の甲子園登録メンバー

①	伊藤	幸広（3年）
②	久米	雅也（3年）
③	中村	大和（3年）
④	古山	剛志（3年）
⑤	小島	研哉（3年）
⑥	森下	将吾（3年）
⑦	桑原	克仁（3年）
⑧	小池	樹典（3年）
⑨	鈴木	浩史（3年）
補	堀田	優（3年）
	長屋	鉄平（3年）
	松浦	幸介（3年）
	堀口	憲信（3年）
	佐竹	道隆（2年）
	藁科	茂（3年）
	江間	康将（3年）

選手たちのムードは持ち直したようにみえても「長続きしなかった」と内山。それでも、持ち前の地力にものをいわせて、春の県大会の頂点に立った。

前年秋以来、県内では公式戦無敗を誇り、もちろん第1シードで夏の県大会に突入した。「まだ本調子ではなかった」（内山）というが、着実に勝ち上がってベスト4に進出し、準決勝で沼津学園（現・飛龍）と対戦した。

初めて先手を取られ、0―1で迎えた三回、小島研哉（小島鉄工所）が2ランをバックスクリーンに打ち込んで逆転。この一打が利いて3―2で競り勝ち、春夏県制覇に王手を掛けた。

決勝の相手は同じ浜松勢の興誠（現・浜松学院）。翌年、プロ入りする小田智之（日本ハム）、林昌樹（広島）を擁する好チームで、安定した戦いぶりで勝ち進んできた。

浜松対決であり、浜松工が勝てば「春の覇者は夏勝てない」ジンクスを32年ぶりに破ることになる。注目の決戦の朝、学校に向かった内山は思わぬ光景を目の当たりにする。

1997年春の県大会を制した浜松工ナイン＝浜松球場

東海大一、浜工 ジンクス破る⑥

浜松対決制し春夏頂点

1997年（平成9年）夏の県大会決勝の朝のことだ。浜松工を率いる内山秀利（浜松湖南教）は、決戦の場の草薙球場に向かう出発時刻より1時間早い午前7時に学校に到着。すると、練習に打ち込む教え子たちの姿が目に飛び込んできた。内山が伝えたのは「8時学校出発」だけだった。

主将の古山剛志（匠志建設）ら選手たちは、「練習したのは覚えていない」と口をそろえる。だが、練習が自発的だったのは間違いなく、内山はグラウンドを覆う熱気に「思わず感激した」という。

興誠（現・浜松学院）との決勝は、四回、藁科茂（日星電気）のソロ本塁打で先制した。「やや詰まった」というが、打球は右翼上段に弾んだ。センバツ後、5番に定着した藁科の一打で主導権を握ると、五、八回にも1点ずつを加えた。エースの伊藤幸広（ヤマハ）は興誠・林昌樹（翌年、広島入り）に投げ勝って、2安打完封。3―0で浜松対決を制し、春の覇者は夏勝てないジンクスを破った。

選抜に続いて臨んだ甲子園。内山によれば「（県大会）決勝のやる気を持ち込んだ」といい、1回戦で前年春の優勝校、鹿児島実（鹿児島）に逆転勝ちする。

0―2の七回、2年生左腕の杉内俊哉（巨人）

1997年夏の県大会決勝興誠戦の出場メンバー

⑧小池	樹典（3年）
⑨佐竹	道降（2年）
⑥小島	研哉（3年）
⑦桑原	克仁（3年）
③藁科	茂（3年）
⑤森下	将吾（3年）
①伊藤	幸広（3年）
④藤田	哲也（2年）
②久米	雅也（3年）

を襲い、1死満塁で藤田哲也（ヤマハ発動機）が左越え二塁打を放って走者を一掃、なおも1点を加えて4―2と試合をひっくり返した。殊勲の藤田は2年生。春の県大会からレギュラーに起用され、晴れ舞台で見事、期待に応えた。

2回戦は持ち前の猛打を披露、報徳学園（兵庫）に11―5で打ち勝った。この試合で気を吐いたのは佐竹道隆（ヤマハ）。同じ2年生・藤田の初戦の活躍に刺激され、4打数4安打4打点と大暴れした。

やった浜工 7回逆転
エース伊藤 鹿実を2点に抑える
藤田が走者一掃二塁打
第79回全国高校野球大会
ヒーロー
努力実って殊勲打 藤田

1997年夏の甲子園1回戦。鹿児島実業戦の逆転勝利を報ずる8月10日付静岡新聞

3回戦は平安（現・龍谷大平安、京都）と対戦した。ドラフト1位でオリックス入りする大型左腕の川口知哉に苦しみ、劣勢を強いられる。それでも七回、藁科、森下将吾（春華堂）の連続短長打で2点を返し、1点差に詰め寄った。八、九回にも「完全試合宣言」で話題を集めた川口を追い詰めた。

2―3で競り負け、8強入りは逃した。だが、強豪相手の3試合で存分に存在感を示した。「悔いはない」と振り返る桑原克仁（桑原土建）の言葉に実感がこもった。

韮山、島田商の復活①

苦戦続くも地力で決勝

1995年（平成7年）夏、韮山が県大会を勝ち抜き、甲子園に名乗りを上げた。戦後復興期の50年（昭和25年）春に初出場初優勝の快挙をやってのけて以来、45年ぶりの甲子園出場だった。

95年4月、新たな指揮官がやってきた。岩科泰弘（浜松江之島監督）で、語学研修で渡米した前任の高梨文憲（三島北教頭）からバトンを受けた。

岩科は教え子たちと真摯《しんし》に向き合った。主将の飯田充喜（パナソニック）によると、「よく話し合い、納得しながら練習した」といい、選手たちは自主性を重視する岩科とともに復活甲子園への道を進んだ。

1995年夏の県大会
準々決勝 清水商戦
出場メンバー

④鈴木	健司（3年）
⑥深沢	知一（2年）
⑤山田	健之（2年）
③飯田	充喜（3年）
①平井	渉（3年）
⑨稲井	章（3年）
②長倉	靖明（2年）
⑦加藤	卓郎（3年）
⑧山岸	夏彦（3年）

夏の県大会はシード校として臨んだ。春の県大会は1回戦で姿を消したが、東部予選1位だったことからチーム力評価は高かった。ところが、ふたを開けると厳しい戦いが待っていた。

初戦（2回戦）は藤枝東を2—0で退けたが、攻撃がかみ合わずなんと17残塁。3回戦からは3試合連続で延長にもつれ込んだ。

まず、3回戦の磐田南戦は5—1の八回に追い付かれ、延長に持ち込まれた。それでも十二回、深沢知一（ブリストル・マイヤーズ）の左前適時打などで2点をもぎ取り、7—5で押し切った。

榛原との4回戦は延長十四回、深沢が今度は一塁線へ決勝の内野安打を放ち、5—4でサヨナラ勝ちした。

準々決勝は清水商と対戦。3—3で突入した延長十六回表、1死満塁の絶好機を迎え、打席に長倉靖明（東京三菱UFJ銀行）が入った。「打って勝った方が次につながる」を持論とする監督の岩科は、もちろん強攻策を選択した。長倉は期待に応えた。「待っていたまっすぐ」をしぶとく中前に打ち返し、決勝点をたたき出した。

エースの平井渉（三菱重工神戸）はその裏をきっちりと封じた。4—3。213球の熱投勝利だった。

準決勝は沼津学園（現・飛龍）とぶつかり、三回に1点を先制された。先手を取られたのは3試合目。しかし、監督も選手も「先攻されても負ける気はしなかった」といい、この一戦も四回、山田健之（静岡銀行）の左中間本塁打で追い付き、五回には3点をもぎ取って主導権を奪い返した。

終盤、沼津学園の追い上げに苦しんだ。だが、踏ん張り抜き、6—4で決勝に進んだ。

1995年夏の県大会準々決勝、延長十六回の熱闘の末、清水商に競り勝ち、歓喜の韮山ナイン＝草薙球場

韮山、島田商の復活②

スタイル貫き夏県王座

夏の県大会は決勝に限って、試合前に打撃練習の時間が用意されている。ところが、1995年（平成7年）の韮山は決戦直前に打ち込むことなく、興誠（現・浜松学院）との戦いに挑んだ。監督の岩科泰弘（浜松江之島監督）が試合前の打撃練習について知ったのは、シートノック終了後だった。知らせにきた主将の飯田充喜（パナソニック）に岩科は伝えた。「疲れるからやめよう」と。この夏の韮山は「いつも通り」のスタイルで勝ち抜いてきた。岩科はあえて決勝進出校の特典を利用せず、「いつも通り」にこだわったのだ。

選手たちは気負うことなく試合に入った。一回、飯田の左中間二塁打でいきなり2点を先制、四、五回には集中打で大量に加点した。エースの平井渉（三菱重工神戸）は連投で球威は欠いたが、巧みな投球で要所を抑えた。14―2。大差の勝利で初めて夏の県王座に就き、50年の春以来、45年ぶりの甲子園行きを決めた。

全国の晴れ舞台でも伸び伸びとプレーした。田辺（和歌山）との1回戦は一回に1点を失ったが、三回、深沢知一（ブリストル・マイヤーズ）の左犠飛と山田健之（静岡銀行）の右中間三塁打で3―1と逆転。その後も効果的に攻め、12―2と大勝した。

1995年夏の甲子園登録メンバー

①	平井　渉	（3年）
②	長倉　靖明	（2年）
③	飯田　充喜	（3年）
④	鈴木　健司	（3年）
⑤	山田　健之	（2年）
⑥	深沢　知一	（2年）
⑦	加藤　卓郎	（3年）
⑧	山岸　夏彦	（3年）
⑨	稲井　章	（3年）
補	利見　泰明	（2年）
	山田　友也	（2年）
	増田　剛	（3年）
	白石　紘康	（3年）
	山口　壮太	（3年）
	三笠　毅	（2年）
	鈴木　穂高	（1年）

1950年春以来、45年ぶりに甲子園出場を決めた95年夏の韮山の面々＝草薙球場

2回戦も投打は円滑に回転、越谷西（埼玉）を6―1と圧倒して3回戦に駒を進めた。相手は金足農（秋田）。準々決勝進出が懸かった一戦だった。

「ムードがいつもと違った。ベスト8を意識したのだろうか」。岩科の目にこう映った。二、三回に5点を奪われて守勢に回った。平井は3連投ながら「スピードはあった」と女房役の長倉靖明（東京三菱UFJ銀行）。だが、真ん中に集まり痛打された。

終盤、リズムを取り戻した。八回、平井の走者一掃の三塁線二塁打などで一気に5点を返し、追い上げた。しかし、わずかに届かず6―8で惜敗した。

45年前から数え、7試合目で喫した黒星だった。甲子園無敗記録が注目を集めたが、「気にならなかった」と左翼手の加藤卓郎（千葉・中山学園教）。選手たちは2時間半の限られた練習時間で戦い抜く力を養い、白星を2つ積み上げて、ひのき舞台を降りた。

V候補 掛西にサヨナラ

韮山の復活から3年後の1998年（平成10年）、島田商が春の甲子園の土を踏んだ。41年（昭和16年）の夏以来、実に57年ぶりに披露した晴れ姿だった。

島田商の戦前の活躍は目覚ましかった。33年の春を皮切りに41年まで、36年を除く毎年、甲子園に駒を進め、39年は春夏ベスト4、40年夏は準優勝して脚光を浴びた。

戦後は全国舞台とはすっかり無縁になり、島商ファンのいらいらは募る一方だった。そんな島商ファンの表情が晴れる時がやってきた。97年秋の県、東海大会で、翌年の選抜大会への道を切り開いたからだ。

1997年秋の県大会 準々決勝 掛川西戦 出場メンバー

⑨	渡仲　正行	（2年）
⑥	渡辺　貴由	（2年）
③	近藤　充広	（2年）
④	御園生博章	（2年）
⑦	小笠原宗徳	（2年）
⑤	池谷　仁史	（2年）
②	安松　祐介	（2年）
⑧	加藤　公亮	（2年）
①	小松　辰圭	（2年）
1	石椛　健吾	（2年）

中部予選を3位で通過し、臨んだ県大会。初戦（2回戦）は日大三島を5―3で退け、準々決勝で掛川西と対戦した。試合はもつれ、6―6で迎えた十三回、無死二、三塁から渡辺貴由（ゴルフパートナー）が殊勲の中前適時打を放ち、7―6でサヨナラ勝ちした。

渡辺とともに勝利に貢献したのが、リリーフ登板の石椛《いしなぎ》健吾（なすびグループ）。先発した小松辰圭（NTN）の後を受けて、八回以降をゼロに封じ、打っては十三回、先頭打者として左中間三塁打を放ち、サヨナラ劇の口火を切った。

掛川西は西部1位で、有力な優勝候補だった。監督の芝田耕吉（島田工教）は難敵との一戦を制し「道が開けた」と受け止めた。

準決勝は静岡市立に6―4で競り勝って、決勝に進出した。決勝の相手は清水商だった。清水商は春夏3度の甲子園出場経験があり、86年夏以来の全国行きを目指していた。

試合は先攻の清水商ペースで進み、二回に2点、六回に4点を失って0―6と大差をつけられた。だが、島田商はここから反撃した。五回まで無安打と沈黙していた打線が奮起。六回に2点、七回に1点を返し、八回には一気に6点をたたき出して9―7と逆転、秋の県王座に就いた。

マウンドは小松が守り抜いた。抑えの石椛が足を傷めて登板不能となったため、「投げるしかない」と打たれながらも投げ切った。

県大会はすべて後攻で、先手を取られても慌てなかった。「試合前のトスで勝てば、必ず後攻を選んだ」と主将の安松祐介（ハートフル川崎病院）。続く東海大会も、後攻を選択し続けた。

1997年秋の県大会準々決勝、掛川西戦に延長十三回サヨナラ勝ちして喜ぶ島田商ナイン＝磐田球場

57年ぶり大舞台に熱狂

1997年（平成9年）秋の東海大会は、2回戦から登場して岐阜三田（岐阜）を寄せ付けず、五回コールド、12―2で退けた。

この試合で気を吐いたのが、主将の安松祐介（ハートフル川崎病院）と9番に入った加藤公亮（ヘアーサロンカトウ）。ともに3安打し、安松は6打点、加藤は2打点をたたき出した。そろって前日の夕食に遅れ、監督・芝田耕吉（島田工教）の逆鱗《げきりん》に触れたため、汚名返上とばかり「必死にプレーした」（加藤）結果だった。

次は準決勝。勝てば、翌春の甲子園出場は確定的だ。ところが、「まったく甲子園は意識しなかった」（安松）といい、愛工大名電（愛知）戦は戦いに集中して、前評判の高い相手を圧倒した。

攻めては効率よく加点、投げてはエースの小松辰圭（NTN）が「1週間前に覚えたばかり」のフォークを効果的に使い、3安打投球を披露。七回コールド、8―1と、強豪を一蹴した。

決勝は豊田西（愛知）に2―4で敗れた。しかし、下馬評通り98年1月31日、「センバツ決定」の知らせが届いた。

41年（昭和16年）の夏以来、57年ぶりの甲子園出場とあって、島商ファンの喜びは爆発した。

1回戦の敦賀気比（福井）戦は1万人余が詰め

1998年春の甲子園登録メンバー

①	小松	辰圭	（3年）
②	安松	祐介	（3年）
③	近藤	充広	（3年）
④	御園生	博章	（3年）
⑤	池谷	仁史	（3年）
⑥	渡辺	貴由	（3年）
⑦	小笠原	宗徳	（3年）
⑧	加藤	公亮	（3年）
⑨	渡仲	正行	（3年）
補	石椛	健吾	（3年）
	柳本	彰久	（3年）
	桜井	靖久	（3年）
	杉山	貴哉	（2年）
	中川	健次	（2年）
	八木	良仁	（3年）
	鈴木	輝義	（3年）

掛け、三塁側アルプススタンドを埋め尽くした。

大声援に送り出されて臨んだ戦いだったが、立ち上がりからハンディを背負った。一回、四球で出塁した切り込み隊長の東出輝裕（広島）に抜け目なく二、三盗を許したのをきっかけに、４点をもぎ取られたのだ。だが、「いつものこと」と先手を取られても焦ることなく、その裏、渡仲正行（川根野球部長）の右中間三塁打と御園生博章（ＪＲ東海）の右翼線二塁打ですかさず１点を返した。

さらに三回、先頭の小笠原宗徳（中部電力）が右翼線二塁打で出塁。監督の芝田は続く渡仲にバントを命じた。渡仲は巧みに三塁線にころがしたが、投手・東出の好守備に小笠原が三塁で刺された。「打たせていれば。采配ミス」。いまも芝田の無念の思いは消えない。

四回以降も塁上を埋めた。しかし、県、東海で演じた〝後攻の逆転劇〟の再現はならず、１―４で敗退。57年ぶりの復活甲子園は初戦で終わった。

1998年春、57年ぶりの甲子園で入場行進する島田商ナイン

関西強豪相手に手応え

「目標は『全国制覇』である」―。1993年（平成5年）に県高野連が発行した「静岡県高校野球史2」の加盟校紹介欄で、常葉菊川はこう明記している。

93年当時はまだ予選の壁を突き破れなかったが、3年後の96年夏、初めて甲子園の土を踏み、2004年春にも全国へ駒を進めた。そして、3度目の甲子園となった07年春の選抜大会で頂点に立ち、掲げた目標を見事に達成する。

06年の夏の県大会は1回戦で姿を消した。その直後、コーチだった森下知幸（現常葉菊川監督）が監督に就任した。県大会は初戦敗退の上、残った主力組は一握り。顔ぶれが大きく変わったとあって、森下は新チームスタート時をこう振り返った。「手探り状態だった」と。

だが、直後に実施した関西遠征で、新指揮官はやれそうだ―との思いを強くした。PL学園（大阪）郡山（奈良）京都外大西（京都）といった強力校と対等に渡り合ったからだ。

この遠征を通して、森下がとりわけ収穫ありと実感したのはバッテリーだった。直前の県大会で先発した1年生左腕の戸狩聡希（ヤマハ）に加え、2年生左腕の田中健二朗（DeNA）にめどがついて投手陣が安定、捕手・石岡諒哉（東海REX）

2006年秋の県大会決勝常葉橘戦出場メンバー

⑧高野　敬介（2年）
④町田　友潤（1年）
⑥長谷川裕介（2年）
③浅原　将斗（2年）
⑨中川　雅也（1年）
R久保田淳哉（2年）
⑦相馬　功亮（2年）
②石岡　諒哉（2年）
⑤山田　京介（2年）
5前田　隆一（1年）
H樋口　政宏（1年）
1田中健二朗（2年）
①戸狩　聡希（1年）
H遠藤　有秋（2年）
5高瀬　旭弘（1年）
H中島嘉之輔（2年）

が的を射たリードぶりをみせるようになってきた。

秋の県大会は西部3位で臨み、1回戦は島田を8―1の七回コールド、2回戦は沼津市立を9―2の八回コールドで退けて8強入り、準々決勝で静岡と対戦した。1、2回戦と好調な打線は立ち上がりに爆発、一回、町田友潤《ともひろ》（ヤマハ）の右越え2ランなど一気に10点を奪い、七回コールド、12―3と大勝した。

浜松工との準決勝もいきなり勝負を決めた。一回、切り込み隊長・高野敬介（浜松南シニアコーチ）以下の猛打で8点をたたき出すと、この大量点にものをいわせて9―2で八回コールド勝ちし、決勝に進出した。

決勝は兄弟校の常葉橘と激突した。準決勝までと異なり、常にリードを許す展開で進み、3―5で九回を迎えた。ここで粘りを発揮、主将の相馬功亮（神奈川県在住）の中前2点適時打で延長に持ち込み、十回2死から高野が左中間席に打ち込んだ。「体が自然に反応した」高野の一打でサヨナラ勝ちし、県1位で東海大会に挑んだ。

2006年秋の県大会決勝　延長十回裏、高野の本塁打で常葉橘にサヨナラ勝ちする＝草薙球場

左腕リレーが威力発揮

２００６年（平成18年）秋、常葉菊川は東海大会でも勝ち進んだ。

県大会1位校とあって2回戦から登場、相手は東邦（愛知）だった。三回、1点を先制されたが、その裏、町田友潤《ともひろ》（ヤマハ）の適時打と長谷川裕介（JFE東日本）の犠飛で2―1と逆転した。その後も中川雅也（東海REX）の本塁打などで追加点を奪い、7―2と圧倒して4強入りした。

準決勝は大垣日大（岐阜）と対戦。左腕の田中健二朗（DeNA）が石岡諒哉（東海REX）の好リードで安定感あふれる投球を見せれば、打線もチャンスを確実に生かして加点、4―0で快勝した。この勝利で翌春のセンバツに大きく前進すると、決勝は戸狩聡希（ヤマハ）―田中の両左腕の継投で中京（岐阜）に3―0で完封勝ちして、さらに甲子園行きを確実にした。

直後の明治神宮大会は準決勝で高知（高知）に2―8で屈した。県西部予選準決勝以来の敗戦だった。「勝ち続けていたので、刺激材料になった」と監督の森下知幸。主軸の一人の長谷川も「いい薬になったと思う」という。

翌07年1月26日、センバツ出場決定の知らせが届いた。冬場の徹底した走り込みで田中、戸狩の左腕コンビは安定感を増し、町田ら2年生組の成

2007年春の甲子園登録メンバー

①田中健二朗（3年）
②石岡　諒哉（3年）
③酒井　嵩裕（2年）
④町田　友潤（2年）
⑤前田　隆一（2年）
⑥長谷川裕介（3年）
⑦中川　雅也（2年）
⑧高野　敬介（3年）
⑨相馬　功亮（3年）
補戸狩　聡希（2年）
　野島　大介（2年）
　中島嘉之輔（3年）
　浅原　将斗（3年）
　鳥原　龍志（3年）
　山田　京介（3年）
　高瀬　旭弘（2年）
　樋口　政宏（2年）
　久保田淳哉（3年）

2007年の選抜大会で初戦突破をスタンドに報告し引き揚げる常葉菊川ナインと森下監督＝甲子園球場

長で打線は切れ目がなくなった。始動時に「手探り状態だった」（森下）チームは投打にレベルアップし、3年ぶり2度目の春の甲子園に臨んだ。

1回戦は仙台育英（宮城）と顔を合わせた。エースは150キロ右腕の佐藤由規（ヤクルト）で、剛速球に14三振を喫した。だが、わずかなチャンスを逃さなかった。

四回1死満塁の絶好機に、2年生の前田隆一（立大）が8球目の低めのスライダーを左前に打ち返し、決勝点となる2点をたたき出した。スクイズも考えられる場面だが、森下は「バントしようにも、速すぎてかすらないから」と強攻策を選択し、前田のバットに託した。

先発した田中はその裏、1点を与えた。しかし、追加点は許さず、九回途中にリリーフした戸狩もピンチを断った。左腕リレーは甲子園の舞台でも威力を発揮、2―1と1点差を守り切って2回戦に駒を進めた。

躍進 常葉菊川③

県勢29年ぶりの春制覇

２００７年（平成19年）春の甲子園で、常葉菊川は初戦を突破して上昇気流に乗った。

２回戦は今治西（愛媛）と対戦。やや攻めあぐんだが、０―０の五回、石岡諒哉（東海ＲＥＸ）の右中間を破る先制二塁打を口火に一気に６点をもぎ取った。さらに終盤にも加点して、10―０と大差をつけた。

エースの田中健二朗（ＤｅＮＡ）の投球もさえた。初回の３者連続三振でリズムに乗ると、毎回の17奪三振をマークして相手打線を沈黙させ、監督の森下知幸に「申し分なかった」と言わせた。

続く準々決勝は、エースで４番の中田翔（日本ハム）を擁する大阪桐蔭（大阪）と顔を合わせた。六回、１点を先制されたが、八回に町田友潤《ともひろ》（ヤマハ）、九回に石岡の適時打で１点ずつをもぎ取り、２―１で逆転勝ちした。田中も踏ん張った。投手・中田に投げ勝ったばかりでなく、打者・中田を完全に封じ込んだ。

準決勝も熊本工（熊本）に逆転勝ちした。３―４の九回、代打・浅原将斗（袋井消防署）の左越え二塁打で追い付いた。浅原は前年秋の４番打者。「やるしかない」と打席に立って、逆転劇の口火を切った。さらに、町田と主将の相馬功亮（神奈川県在住）も適時打で続き、６―４と

2007年春の甲子園
決勝大垣日大戦
出場メンバー

⑧高野　敬介（3年）
④町田　友潤（2年）
⑥長谷川裕介（3年）
⑨相馬　功亮（3年）
⑦中川　雅也（2年）
③酒井　嵩裕（2年）
⑤前田　隆一（2年）
②石岡　諒哉（3年）
①戸狩　聡希（2年）
1田中健二朗（3年）

試合をひっくり返して決勝に進出した。

決勝は大垣日大（岐阜）と争った。秋の東海大会準決勝で対戦、4―0で退けた相手だったが、今度は勝手が違った。「行けるところまで」と森下が先発を託した戸狩聡希（ヤマハ）がつかまり、一、二回に2点ずつを奪われた。

それでも、三回までしぶとく1点ずつを積み上げ、3―4と1点差に詰め寄った。六回に5点目を許し、突き放された―と思われたが、ひるまなかった。

七回、長谷川裕介（ＪＦＥ東日本）の左中間二塁打で1点を返して、再び1点差。追撃モードは全開となり、八回、前田隆一（立大）、石岡の連打で追い付くと、「チームの雰囲気に押されて打った」という高野敬介（浜松南シニアコーチ）の殊勲打で6―5と逆転した。

最後は二回途中から登板した田中が締めくくり、ついに初の全国制覇をやってのけた。県勢のセンバツ優勝は29年ぶりだった。

小技を封印し、攻め抜く戦いぶりは、〝ブルスイング野球〟として注目を集めた。

2007年の選抜大会で頂点に立ち、優勝メダルを授与される常葉菊川ナイン
=甲子園球場

経験者そろい強さ発揮

2007年（平成19年）春、紫紺の優勝旗を持ち帰った常葉菊川は、その後も無類の強さを発揮する。

春の県大会はセンバツ疲れもあって初戦で敗退したものの、夏の県大会は地力を発揮して決勝に進出。最後は静岡商を9―2で倒し、春に続いて甲子園に乗り込んだ。

甲子園では、準々決勝でまたも対戦した大垣日大（岐阜）を6―1で下し、4強入りした。しかし準決勝で広陵（広島）に3―4で惜敗し、春夏連覇の夢を断たれた。

甲子園後、新チームがスタートした。新主将の前田隆一（立大）、背番号1を背負う戸狩聡希（ヤマハ）ら夏までの経験者がそろっていた。チームは安定感があり、秋の大会が始まると快進撃をみせた。

県、東海、さらに明治神宮といずれも優勝を飾った。投打の歯車がかみ合い連戦連勝。神宮大会決勝は横浜（関東）との対戦だった。監督の森下知幸は「投打のバランスが取れていた」と言い、前田や町田友潤《ともひろ》（ヤマハ）は「負ける気がしなかった」と振り返る。

翌年春、センバツの舞台を踏んだ。前年春から3季連続の甲子園であり、有力チームに挙げ

2007年
明治神宮大会決勝
横浜戦出場メンバー

⑨	中川	雅也（2年）
④	町田	友潤（2年）
4	高瀬	旭弘（2年）
⑤	前田	隆一（2年）
⑥	酒井	嵩裕（2年）
⑧	伊藤	慎悟（2年）
③	上嶋	健司（2年）
⑦	丹治	秀明（1年）
②	石川	凌（2年）
①	戸狩	聡希（2年）

られた。

ところが、冬からチーム状態は下降線をたどり、「回復しないまま」（森下）センバツに突入した。1回戦は明豊（大分）を6—4で破ったが、2回戦で千葉経大付（千葉）に2—7で屈し、本来の姿を取り戻すことなく敗退した。

2007年明治神宮大会決勝、八回裏、積極的な攻めで横浜を突き放す＝神宮球場

狂った歯車は戻らず「練習試合でも勝てなかった」と町田。春の県大会は準々決勝で常葉橘と対戦、3—15の大差で八回コールド負けした。

夏の県大会を迎え、指揮官は佐野心（現・常葉菊川教）に代わった。佐野は「選手が重いものを背負っている」と感じていた。背負う重いものとは4季連続の甲子園出場である。

4季連続甲子園を実現させれば、戦後初とあり、周囲の注目度は高まった。佐野自身も重圧を受けたが、開会式で選手たちの入場行進を目にして「肩が軽くなった」。というのも「とにかく大会に参加できたんだ。そう思うと、ほっとした」からで、開会式後、選手たちに「あとは気楽にいこう」と声を掛けた。

選手たちもミーティングで「勝ち負けを気にせず、楽しくやろう」、そう誓い合って戦いに臨んだ。

球歴刻む4季連続出場

2008年（平成20年）夏、常葉菊川は「楽しくやろう」を合言葉に県大会を勝ち抜いた。初戦（2回戦）は聖隷クリストファーを七回コールド、10―0で下したが、3回戦は沼津東に苦戦、4―3で逆転勝ちした。4回戦は藤枝明誠、準々決勝は静清工（現・静清）、準決勝は浜松商をいずれも5―3で退け、決勝に駒を進めた。

勝ちを重ねるたびに「明るくなり、（強かった前年）秋の姿に戻った」と監督の佐野心。静岡と対戦した決勝は佐野の言葉を裏付けるように、立ち上がりから鋭く攻めて9―1と圧勝し、4季連続の甲子園出場を果たした。

全国舞台でも投打にエンジン全開―。そう思われたが、大阪入りすると予期せぬ事態に陥った。エースの左腕、戸狩聡希（ヤマハ）が左肘に痛みを訴えたのだ。だが、選手たちは「戸狩を決勝のマウンドに立たせたい」と、痛みと闘うエースを支え、激戦を戦い抜いた。

初戦（2回戦）の福知山成美（京都）戦は3安打に抑えられながらも0―1の八回、得意の〝足攻〟で2点をもぎ取り、逆転勝ちした。

続く倉敷商（岡山）は三回までに0―6と大差をつけられた。しかし五回、「まだ感触はわずかだが残っている」という伊藤慎悟（法大）の左

2008年夏の甲子園登録メンバー

①	戸狩	聡希	(3年)
②	栩木	雅暢	(2年)
③	上嶋	健司	(3年)
④	町田	友潤	(3年)
⑤	前田	隆一	(3年)
⑥	酒井	嵩裕	(3年)
⑦	樋口	政宏	(3年)
⑧	伊藤	慎悟	(3年)
⑨	中川	雅也	(3年)
補	野島	大介	(3年)
	萩原	大起	(2年)
	浅川	将輝	(2年)
	石川	凌	(3年)
	高瀬	旭弘	(3年)
	安藤	圭祐	(3年)
	北島	良亮	(2年)
	丹治	秀明	(2年)
	松本	拓也	(2年)

中間3ランなどで7―6と逆転、最後は11―9で押し切った。「リードされても回が浅かったので、負ける気はしなかった」と主将の前田隆一（立大）。

準々決勝は智弁和歌山（和歌山）に13―10、準決勝は浦添商（沖縄）に9―4と打ち勝ち、決勝に勝ち上がった。肘痛のため球威を欠く戸狩を打線が援護、智弁和歌山戦は六回に10点、浦添商戦は二回に9点とビッグイニングを生み出して打撃戦を制した。

県勢の夏の甲子園決勝進出は35年ぶり。相手は前年春の準々決勝で競り勝った大阪桐蔭（大阪）だった。先発マウンドに戸狩が上がった。「決勝で投げさせたい」とのチームメートの思いに後押しされて。だが、いきなり満塁弾を浴び、三回で降板した。打線は5安打と沈黙、0―17と思わぬ大差で敗れた。

有終の美は飾れなかった。しかし、頂点に立った前年春以来、4季続けて甲子園に確かな球歴を刻んだ。

2008年夏準決勝で浦添商を下し、スタンドに勝利報告に向かう常葉菊川ナイン＝甲子園球場

社会人野球

大昭和製紙
日本楽器　ヤマハ
ヤマハ発動機
河合楽器

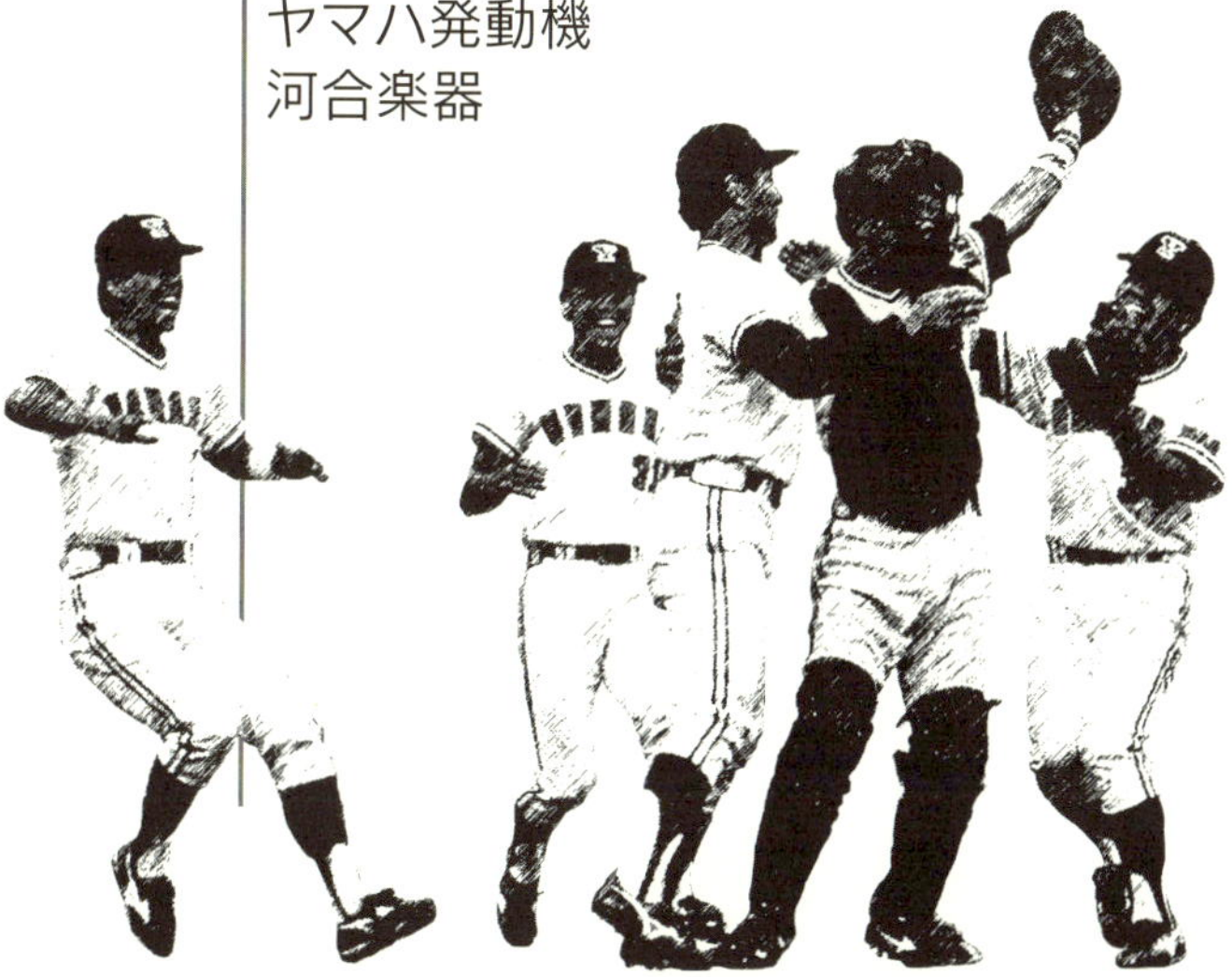

大昭和　都市対抗初V ①

創部2年で本大会出場

戦後、いち早く復活したプロ野球と足並みをそろえるように、社会人野球も再び球音を響かせた。社会人野球は、敗戦から立ち上がろうとする地域の人々にとり、プロ野球より身近な存在だった。〝ノンプロ〟と呼んで熱い視線を送り、最大イベントの「都市対抗」ともなると、予選からスタンドに詰め掛けた。

1953年（昭和28年）、その都市対抗野球大会で吉原市（現・富士市）の大昭和製紙（現・日本製紙）が頂点に立った。前年の静岡商の選抜高校野球大会優勝に続く、2年連続の県代表による全国制覇だった。

大昭和野球部の誕生は47年2月。当時の専務、斉藤了英（後の社長、故人）の「野球をやろう」との声掛けが誕生の発端であった。

創部1年目から都市対抗予選に挑戦。いきなり1次予選である県大会を制し、山梨、神奈川、静岡3県で争う2次予選の甲神静大会は決勝に進出した。最後は神奈川の川崎トキコ（川崎市）に5―7で逆転負けしたが、戦いぶりは2年目以降の飛躍を予感させた。

登録メンバーはスタッフを合わせ18人。うちプレーヤーは15人だったが、早大時代、首位打者を獲得した浅井礼三（故人）を筆頭に、大学や旧制中学で鳴らした実力派がそろっていた。

本大会行きの切符こそつかめなかったものの、

実績のある神奈川勢と互角に渡り合ったことで、手応えありとみて、意欲的に戦力強化に踏み切った。

2年目の48年、強化策は早くも実った。県、甲神静大会を突破して、都市対抗本番に初名乗りを上げたのだ。大昭和だけでなく、県勢にとっても初の本大会出場だった。初陣の舞台は愛知産業（名古屋市）に4—5で屈し、1回戦で姿を消した。だが、終盤に猛追し、1点差まで詰め寄ったことから、「やれると手応えを得て、チームの意気は大いに上がった」との記録がある。

大昭和が初挑戦した47年の県予選参加は15チーム。企業チームは大昭和だけで、主体はクラブ勢だった。48年も15チームで争ったが、企業勢は4に増え、後に大昭和としのぎを削る日本軽金属が加わった。

2次予選の甲神静大会は49年まで。50年からは山梨、静岡勢が競う山静大会となる。

創部直後の大昭和ナイン。富士山を背に走り込む（大昭和製紙野球部史から）

大昭和 都市対抗初V ②

東海の暴れん坊の異名

チーム発足3年目の1949年（昭和24年）、大昭和製紙は一気に全国区の存在となる。2度目の都市対抗で、並み居る強豪を退けて準優勝したからだ。豪快な戦いぶりは注目を集め、〝東海の暴れん坊〟の異名を取るようにもなった。

予選は、前年の本大会出場チームの特典で甲神静大会から参戦すると、決勝で川崎いすゞ（川崎市）を3―1で下し、2年連続の全国行きを決めた。

登録メンバー表によると、投手は前年までの主戦、石坂光雄（故人）が捕手に回ったため、小川俊男（故人）ただ一人。石坂と二塁手の山西喜夫（故人）が時折、リリーフ登板したが、小川がほとんど一人でマウンドを守った。

打線は強力だった。浅井礼三、久保木清、朝比奈三郎（いずれも故人）のクリーンアップを軸に、猛打で相手を圧倒した。2度目の都市対抗本番は打ち合いを制しながら、決勝まで駒を進めた。

初戦（2回戦）は八幡製鉄（現・新日鉄住金、八幡市）と対戦。3―3で迎えた八回、石坂の適時打で決勝点を奪い、4―3で競り勝った。準々決勝は日本生命（大阪市）の追撃をかわして8―7で逃げ切り、準決勝は西日本鉄道（福岡市）に10―5と打ち勝った。3試合で40安打、22得点。東海の暴れん坊の名にぴったりの戦いぶりで、決勝に勝ち上がった。

創部3年目。1949年の都市対抗で準優勝旗を贈られる浅井監督＝後楽園球場（大昭和製紙野球部史から）

決勝は本命の星野組（別府市）が待ち受けていた。エースは左腕の荒巻淳。翌年、プロ野球の毎日に入り、いきなり26勝を挙げた怪腕で、火の玉投手といわれた。打線の軸の関口清治と西本幸雄も、それぞれ西鉄、毎日に進んで活躍する。

大昭和は優勝候補の筆頭を相手に、二回、敵失で1点を先制した。だが、その後は荒巻の前に打線が沈黙、4連投の小川も疲れから8点をもぎ取られた。八回、大道信敏（東京都在住）が荒巻から左翼席に打ち込んで意地を見せたが、2―8で屈した。

最後は投打に圧倒された。しかし、準決勝までの戦いぶりはスタンドを魅了した。切り込み隊長として強力打線をけん引した大道は敢闘賞に当たる、久慈賞を獲得した。

翌50年も予選を突破すると、3年連続出場した本大会で4強入りし、強豪チームとしての地位を固める。

大学スターら大型補強

チーム力アップに欠かせないのは戦力補強—とばかり、大昭和製紙は意欲的に新しい力を注入し続けた。

特に、1951年（昭和26年）は大型補強と話題をさらった。まず、石井藤吉郎、荒川宗一（ともに早大）徳丸幸助（慶大）杉村睦彦（専大）ら大学球界のスター選手をごっそり加えた。中でも注目を集めたのは「関白」こと石井。三拍子そろい、プロも脱帽したといわれる、伝説の強打者だった。

同時に、吉江英四郎（巨人）稲川豪一（東急＝現日本ハム）らプロ野球組も迎え入れた。まだ、プロとアマの間に垣根はなく、選手の出入りに制約はなかった。両者間を二度、三度と往復する選手が出ても、抵抗なく受け入れられた。有望戦力の大量投入で、「大昭和強し」の評価が高まった。6月の九州大会で評判通りの強さを発揮して優勝、直後の都市対抗予選に勇躍臨んだ。

ところが、落とし穴が待っていた。山静大会決勝で日本軽金属と対戦すると、相手のエース、左腕の東口義裕が行く手に立ちふさがった。売り物の打線が東口の投球の前に沈黙、0—3の完封負けで4年連続の本大会行きを断たれた。

大型補強も実らず、苦汁をなめさせられた大昭和は、代表権奪還に燃え、翌52年の都市対抗予選を迎えた。大会方式は変更され、山静大会の覇者と前年代表が対戦する「代表決定戦」が全国への最終関門となった。

大昭和は県、山静大会を突破して、前年代表の日本軽金属が待ち受ける代表決定戦に挑んだ。代表決定戦は一発勝負ではなく、全国への道を切り開くには2勝が必要だった。

大昭和は、またも東口の投球に苦しんだ。1点を先制しながら追加点を奪えず、1―4で初戦を落とした。しかし、追い込まれて奮起した。第2戦で38歳のベテラン、鈴木芳太郎が連投の東口との投げ合いを制し、2―0で完封勝ち。第3戦は3連投の東口を攻略、5―1で下して代表権を奪い返した。

都市対抗本番は、3連覇を目指す全鐘紡（大阪市）が1回戦の相手だった。気合を込めて臨んだ2年ぶりの全国舞台だったが、壁は厚く0―2で跳ね返された。だが、1年後、分厚かった全鐘紡の壁を突き破り、初制覇をやってのける。

大型補強をした1951年の大昭和ナイン（大昭和製紙野球部史から）

強打 全鐘紡に完封勝ち

1953年（昭和28年）の大昭和製紙は、一段と成長してシーズンインした。

石井藤吉郎、荒川宗一、山縣将泰（いずれも故人）といった前年までの主力に、プロ野球毎日から北川桂太郎、東海電通から黒柳巽、それに日本軽金属から引き抜いた東口義裕ら有望新戦力を加えた布陣は、プロ顔負けといわれた。

「うちとそっくり入れ替わらないか」。パ・リーグ大映の名物オーナーで知られた永田雅一（故人）が、こう持ち掛けてきた―との裏話を、若手捕手だった上仲啓之（富士市在住）は耳にしていた。

グレードアップした大昭和は、開幕を告げる「サン大会（現・東京大会）」で初優勝。評判にたがわない姿を披露するとともに、最大目標である都市対抗制覇に向け、申し分ないスタートを切った。

山静大会を勝ち抜いて臨んだ都市対抗本番は、1回戦で日本生命（大阪市）に8―4で打ち勝ち、2回戦も東洋高圧（大牟田市）との打撃戦を6―4で制した。さらに、準々決勝は土佐電鉄（高知市）を4―1、準決勝は東洋レーヨン（大津市）を7―3で圧倒して、決勝に進出した。

V決戦は全鐘紡（大阪市）と対戦した。前年、1回戦で屈した相手とあって、雪辱の意気に燃えていた。

1953年都市対抗決勝 大昭和製紙出場メンバー

⑤	杉村 睦彦
④	山縣 将泰
⑦	荒川 宗一
⑧	石井藤吉郎
③	高橋 敏
⑨	浅井 礼三
⑥	北川桂太郎
②	上仲 啓之
H	遠井 敏夫
2	日下部郁郎
①	黒柳 巽

二回、上仲の四球からチャンスを広げ、押し出しでしぶとく1点を先制。六回には北川の中越え三塁打などで決定的な2点を加えた。マウンドを守ったのは移籍1年目の黒柳。重い速球を主体に強打の全鐘紡打線を1安打に封じて3—0で完封勝ちし、橋戸賞（MVP）に輝いた。

最後の打者は一塁フライ。日本軽金属からの補強選手で途中から本塁を守った日下部郁郎（静岡市清水区在住）の脳裏には、打球がファーストミットに吸い込まれた悲願の初Vのシーンがしっかりと刻まれている。

監督を務めたのは専務の斉藤了英（故人）。選手経験はなく、初戦から試合が終わると、明大の島岡吉郎、早大の森茂雄両監督のもとに、スコアブックを手に走った。そのかいあって、サインは的を外さず、堂に入った采配だったという。

創部7年目。黒獅子旗（優勝旗）を初めて持ち帰った大昭和ナインは、提《ちょう》灯《ちん》を手にした市民の渦の大歓迎を受け、あらためて初制覇の味をかみしめた。

悲願の都市対抗初V。
斉藤監督を胴上げして喜ぶ大昭和ナイン
＝後楽園球場（大昭和製紙野球部史から）

大学球界の逸材そろう

大阪万博に沸いた1970年（昭和45年）、大昭和製紙（現・日本製紙）が都市対抗で2度目の優勝を飾った。17年ぶりの復活劇だった。

創部3年目の49年に早くも準優勝。この時見せつけた超攻撃的野球で〝東海の暴れん坊〟の異名を取るようになり、53年には初制覇をやってのけた。一気に階段を駆け上った。だが、他チームの巻き返しもあって、その後は後退を余儀なくされ、1次予選敗退の悲哀も味わった。

黒獅子旗は都市対抗優勝チームに贈られる。70年、大昭和の黒獅子旗奪還への歩みは、4月の社会人野球静岡大会優勝で幕を開けた。

静岡大会は選抜された強豪が勢ぞろいするため、3月の東京大会と並び、シーズン序盤の要の大会として注目を集めてきた。大昭和はこの静岡大会で快進撃をみせ、決勝では大昭和北海道との兄弟対決を制して、頂点に立った。

チームは若手ぞろい。27歳のコーチ兼任、三原啓治（千葉県市原市在住）が最年長であり、主将で26歳の池ケ谷勝（沼津市在住）がベテラン扱いされるほどだった。若手軍団の軸は69、70年入社組が占めた。69年組は大量18人で、長倉春生（早大、静岡高出）阪口正晴（近大）らが即レギュラーに定着した。70年組は5人だが、小田義

社会人野球
静岡大会決勝
出場メンバー

⑥山田　克己
⑤鍵谷　康司
⑨阪口　正晴
③小田　義人
⑧小松　健二
⑦萩原　陸洋
②長倉　春生
④池ケ谷　勝
①山根　政明
H中道　健造
R我喜屋　優
1野村　稔

人（早大、静岡高出）安田猛（早大）小松健二、浜田史夫（ともに近大）山田克己（法大）と大学球界を代表する存在ばかりが集まった。

この若々しいチームを率いたのは野村徹（大阪市在住）。現役時代は捕手で鳴らし、32歳の69年から指揮を執った。後年、母校・早大の監督を務めると、6年間で5回、優勝に導き、和田毅、鳥谷敬、青木宣親らをプロ球界に送り出した。

さて、静岡大会は―。初戦（2回戦）で新日鉄広畑を11―2で圧倒したのを皮切りに、鷺宮製作所、大倉工業、大昭和北海道をいずれも一方的に退けて圧勝した。

原動力は切れ目のない打線だった。新人の山田、小田、小松を1、4、5番に据えた新布陣が威力を発揮し、4試合で31点をたたき出した。

覚醒した〝東海の暴れん坊〟は、1カ月後の大阪大会でも優勝。節目の20回目の出場を懸け、6月の都市対抗1次、2次予選に臨んだ。

小田（中央）ら新戦力の活躍で、社会人野球静岡大会を制し、2度目の都市対抗Vへ弾みをつける＝草薙球場（大昭和製紙野球部史から）

2次予選で敗退の危機

「本大会より格段に厳しい」。企業チームの関係者は一様に、都市対抗の地区予選をこうとらえている。企業チームにとって、都市対抗の本番出場は至上命題であり、勝たなければ—の重圧が重くのしかかる。加えて、「何が起こるか分からない」といわれる、独特の雰囲気の中での戦いを強いられる。

１９７０年（昭和45年）の大昭和製紙は、地区予選の厳しさを存分に味わい、苦しみ抜いた末に、Vロードへの道を切り開いた。

現在、本県勢は他の東海３県勢とともに、東海地区予選に臨む。だが、89年(平成元年)までは、山梨県勢と「山静地区代表」の座を争ってきた。

当時の山静地区は1、2次予選を経て、上位2チームが代表権を手にしていた。70年の1次予選は企業6、クラブ7の13チームが出場。敗者復活戦を含む勝ち抜き戦の末、5チームがリーグ戦方式の2次予選に進んだ。

大昭和は余裕の1位で1次予選を突破した。下馬評通りの強さに、2次予選も安泰の声が強かった。だが、思わぬ展開が待っていた。大昭和は、いきなり日本楽器（現・ヤマハ）に2—5で後れを取った。それでも静甲いすゞを5—0、河合楽器を3—2で退けて巻き返したかに思われたが、日本軽金属戦を4—5で落とした。

全試合を消化した大昭和は2勝2敗。最終日

静岡新聞　（第三種郵便物認可）　第10359号　（4）

第一代表に河合楽器

日軽金に逆転勝ち

第2代表 3チーム同率で再リーグ

都市対抗野球 山静二次予選（第5日）

第四十一回全国都市対抗野球、山静二次予選リーグ第五日は二十七日、静岡市の県営静岡球場に延べ一万二千の大観衆を集めリーグの最終二試合を行なった。

第一試合、山静第一代表をかけて激突した河合楽器（浜松市）―日本軽金属（清水市）は3時間40分にわたる長い試合だったが、2―0と先行された河合が2本の本塁打で逆転、広畑―松井の継投で逃げ切り後楽園へ最初の名乗りをあげた。

第二試合、静甲いすゞ（清水市）―日本楽器（浜松市）は日楽打線が初めて対

◇……二次予選勝敗表……◇

	大昭和	日楽	静甲	河合	日軽金	
②大昭和	＼	●2―5	○5―0	○3―2	●4―5	2勝2敗
②日楽	○5―2	＼	●1―2	●4―8	○4―2	2勝2敗
⑤静甲	●0―5	○2―1	＼	●1―5	●0―5	1勝3敗
①河合	●2―3	○8―4	○5―1	＼	○4―3	3勝1敗
②日軽金	○5―4	●2―4	○5―0	●3―4	＼	2勝2敗

静甲、日楽を破る

中本、変化球あやつり好投

大いにもつれた山静予選。3チームによる第2代表決定リーグに突入したことを伝える1970年6月28日付静岡新聞

の対戦カードは「河合―日軽金（ともに2勝1敗）」、「日楽（2勝1敗）―静甲いすゞ（3敗）」で、日楽が勝てば、河合―日軽金の勝者とともに3勝1敗となり、本大会行きが決まる。こうした状況から、大昭和のスタッフは2次予選突破は絶望的と判断。最終日を待たず、選手たちに一時的な解散を伝えた。

　ところが、波乱が起きた。第1試合で河合が日軽金を4―3で退け、まず代表権を獲得すると、第2試合で静甲いすゞのエース・中本孝彦が好投、2―1で日楽を下したのだ。この結果、日軽金、日楽、それに大昭和が2勝2敗で並び、第2代表決定リーグにもつれ込んだ。

　「何が起こるか分からない」地区予選を象徴する、よもやの展開で、大昭和は戦いの場に戻った。いったん解散した面々は、押っ取り刀で再集合すると、仕切り直しの戦いに気合を入れ直した。

大昭和 2度目V ③

勝負手が奏功、代表切符

1970年（昭和45年）の都市対抗山静地区予選。大昭和製紙は敗退を覚悟し、いったん解散しながら見事によみがえる。

企業勢5チームが競り合った2次予選は、河合楽器が3勝1敗で抜け出し、第1代表の座を獲得した。だが、もう一つの代表の座をめぐる戦いは、第2代表決定リーグにもつれ込み、2勝2敗で並んだ日本楽器（現・ヤマハ）、日本軽金属、大昭和の3チームが激突した。

第1戦は大昭和と日軽金が対戦した。試合は大昭和・野村稔（後にTDKに移籍）、日軽金・稲葉光雄（前中日コーチ、故人）両投手の投げ合いで進んだ。だが七回、大昭和は新人・小田義人（ヤクルトスカウト）が決勝点をたたき出し、1―0で競り勝った。第2戦は日軽金が日楽に3―1で逆転勝ちし、第3戦は大昭和と日楽が相対した。勝者が大昭和ならそのまま代表権を獲得、日楽なら3チームが1勝1敗でまたも並び、再リーグにもつれ込む。

注目の一戦は互いに譲らず、2―2で九回を迎えた。先攻めの日楽が0に終わると、その裏、大昭和は1死満塁の絶好機をつかんだ。ここで、投手の安田猛（JR東日本臨時コーチ）の代打、三原啓治（千葉県市原市在住）の2球目、内角

第2代表決定リーグ 対日楽戦 出場メンバー

⑥	山田 克己
⑤	鍵谷 康司
⑨	阪口 正晴
⑧	小松 健二
③	小田 義人
⑦	飯塚 修
7	清水十三男
⑦	中道 健造
④	池ケ谷 勝
②	長倉 春生
①	野村 稔
1	安田 猛
H	三原 啓治

低めのシュートが日楽のバッテリーミスを誘って、三走の小田がホームイン。決勝の3点目をもぎ取って、サヨナラ勝ちした。

勝負を引き寄せた安田への代打策だが、野村を先発で使い、ベンチにいた山根政明（現・鈴木、静清高コーチ）も腰の故障が癒えたばかりだった。もし、代打策が失敗した場合のマウンドは—。監督の野村徹（大阪市在住）は「どう考えていたか、覚えていない」という。だが、打った勝負手が奏功、2枚目の代表切符をしぶとく手に入れて、試合後、歓喜の胴上げに宙を舞った。

窮地を脱し、3年連続20度目の本大会出場を果たすと、今度は球運にも恵まれた。出場31チーム中、唯一、1回戦不戦勝のくじをひき、勝てばベスト8入りする2回戦からの出場となった。この状況を『大昭和製紙野球部史』は「地獄からはい上がってきた幸運とはこういうことをいうのであろう」と記している。

難産の末、本大会出場を決め、歓喜の胴上げ、宙に舞うのは野村監督＝草薙球場
（大昭和製紙野球部史から）

決勝再試合、継投で快勝

もつれにもつれた地区予選を抜け出し、大昭和製紙は1970年（昭和45年）の都市対抗本番に臨んだ。

出場チーム中、唯一の不戦勝で2回戦から登場すると、前回チャンピオンの電電関東（現・NTT関東）と対戦した。連覇を狙う相手は手ごわかった。一回、いきなり1点を奪われ、打線もわずか2安打に抑えられた。

しかし、その2安打をしぶとく得点に結びつけ、四、七回に1点ずつをもぎ取って逆転。2番手の安田猛（JR東日本臨時コーチ）が小気味いい投球で電電関東に追加点を与えず、1点差を守り切ってベスト8進出を決めた。

準々決勝は打線が奮起した。二回、小田義人（ヤクルトスカウト）の二塁打をきっかけに5長短打で5点を先制。四回には4長短打を集めて3点を加え、松下電器（現・パナソニック）に8—1で圧勝した。準決勝も猛打を見せ、小松健二（故人）の2本塁打などで住友金属を8—1と圧倒して、決勝に勝ち上がった。

決勝は三菱重工神戸が相手だった。四回、1点を先制されたが、その裏すかさず追い付き、リリーフした安田が五回以降、ゼロに封じた。ところが、打線は毎回、塁上をにぎわしながら、三菱の2番手、橘谷健を崩せず、1—1のまま延

1970年
都市対抗決勝
出場メンバー

⑥	山田　克己
⑤	岩本　紘一
⑨	阪口　正晴
⑧	小松　健二
③	小田　義人
⑦	角田　憲二
7	清水十三男
7	萩原　陸洋
④	池ケ谷　勝
②	長倉　春生
①	山根　政明
1	安田　猛

都市対抗で2度目の優勝を飾り、バックスクリーンを背に記念撮影＝後楽園球場
（大昭和製紙野球部史から）

長十四回引き分け、翌日の再試合となった。

再試合は午後6時32分に始まり、第1戦と同様、山根政明（現・鈴木、静清高コーチ）が先発した。監督の野村徹（大阪市在住）は「ナイターに強いから」と迷わず山根をマウンドに送った。

山根は指揮官の期待に応えた。打線が三回まで小刻みに奪った3点を背に、六回途中まで三菱打線を2安打に抑え込み、安田にバトンを渡した。後を受けた安田も好投、三菱の追撃を断ち切った。

3―0で快勝し、17年ぶり2度目の都市対抗制覇をやってのけた。投手陣を巧みにリードした長倉春生（長倉スポーツ）は予選敗退の危機を乗り越えてつかんだ優勝を振り返る。「1度死んだものは強い」と。

橋戸賞（ＭＶＰ）を獲得した安田は、その後プロ入りしたが「野球人生で最も大切なもの。それは橋戸賞」といい、都市対抗でのマウンドを忘れることはない。

再リーグ勝ち抜き代表

１９８０年（昭和55年）の都市対抗野球で、大昭和製紙（現・日本製紙）が三たび頂点に立った。立ち向かってくる相手を寄せ付けない戦いぶりは、文字通りの横綱相撲だった。

前回の優勝から10年がたっていた。この間の都市対抗は、75年と79年の準々決勝進出が最高成績だった。しかし、戦力強化を怠らなかったため、チーム力は毎年、トップレベルにあった。

80年も戦力は充実。３月の社会人野球東京大会で４強入りし、４月の静岡大会で優勝―と好スタートを切り、その後の飛躍に期待を抱かせた。

目指す都市対抗は、夏場開催が通例だ。ところが、アマチュア野球世界選手権が８月に開かれたため、予選は９、10月に、本大会は11月にずれ込んだ。

１次予選は１位で通過し、河合楽器、日本楽器（現・ヤマハ）、関東自動車（現・トヨタ自動車東日本）とともに２次予選に臨んだ。リーグ戦方式の戦いは例年通りもつれた。３試合ずつを戦い終えて、関東自動車を除く３チームが２勝１敗で並んだことから、二つの代表の座をめぐる争いは再リーグに持ち込まれた。

再リーグ初戦は一回、守りが乱れ、河合に２点

1980年都市対抗予選
再リーグ日本楽器戦
出場メンバー

④	山本	秀樹
⑥	高林	勝
⑦9	佐々木	正行
⑨	浅黄	豊次
7	平井	一男
③	馬場	俊治
⑤	井出	実
⑧	中本	龍児
②	秋山	美憲
①	杉本	正
1	鈴木	政明

を先制されたが、じりじりと追い上げ、4―2で逆転勝ち。続く日楽戦は持ち前の猛打がさく裂した。主将・中本龍児（三養荘）の4安打以下、19安打で12―4と圧勝、2勝目を挙げて代表権を獲得した。

本大会出場は8年連続29回目。となると、代表の座は指定席と受け取られるが、「それだけ負けられないものだった」（中本）といい、重圧の中で予選を戦い抜いた。

チームを率いたのは監督1年目の安藤喜春（沼津市在住）。大昭和北海道に在籍した74年、指揮官として都市対抗優勝に導き、78年に古巣に戻っていた。

野球部史に、安藤は都市対抗ベスト4を目標に練習を開始した―とある。そこには「目標は低く置いたが、3度目の黒獅子旗（優勝旗）は必ず獲得する」との信念が込められていた、というのだ。

10年ぶりの優勝を目指すチームは、予選敗退の日楽から4人を補強し、一段と戦力アップした。なかでも、内山仁志（現・長田、ヤマハ）と武居邦生（DeNAスカウト）の加入は大きく、2人が中軸に座って〝メガトン打線〟が実現した。

都市対抗野球 山静二次予選 （最終日）

大昭和、猛打で第1代表

河合も後楽園行

日楽 投手陣崩れ

第五十一回都市対抗野球大会山静地区第二次予選最終日は九日、静岡草薙球場で予選再リーグ最終戦、大昭和製紙（富士市）―日本楽器（浜松市）を行い、大昭和が連日の猛攻で楽勝した。

この結果、三チームによる再リーグ戦の成績は大昭和2勝、河合楽器（浜松市）1勝1敗、日楽2敗となり、山静地区代表二チームは優勝した大昭和（第一代表）、準優勝の河合楽器（第二代表）と決まった。大昭和は八年連続二十九度目、河合楽器は三年ぶり十二度目の全国大会出場となる。

今大会の最高殊勲選手には好打を連発して大昭和を第一代表に導いた佐々木正行外野手、敢闘賞には勝負強い打撃で河合楽器の救世主となった阪口哲也内野手が選ばれ、首位打撃賞は日本楽器の内山仁志外野手（打数11、安打5、打率4割5分5厘）が獲得した。

大昭和製紙（富士市）080 000 004

日本楽器（浜松市）000 300 010

▽本塁打 山本、馬場（大）

▽二塁打 佐々木（大）

▽試合時間 3時間23分

【評】大昭和が2本塁打を含む19長短打の猛攻で日本楽器を

大昭和製紙―日本楽器 二回表大昭和無死、馬場⑨右越えに先制ホーマーを放ち三塁を回る

◇セ・リーグ勝敗表◇

（第28節、9日現在）

	試	勝	敗	分	率	差	残
広島	119	70	37	12	.654	―	11
ヤクル	114	61	44	9	.581	8.0	16
巨人	123	55	59	9	.482	10.5	7
大洋	122	54	59	9	.478	0.5	8
阪神	124	52	62	10	.456	2.5	6
中日	118	39	70	9	.358	10.5	12

大昭和の再リーグ1位突破を伝える1980年10月10日付の静岡新聞

大昭和、三たび頂点②

杉本、左のエースに成長

激戦の山静地区予選を1位で突破した1980年（昭和55年）の大昭和製紙（現・日本製紙）は、29回目の都市対抗本番でVロードを突き進んだ。

前年は1回戦の日本通運（浦和市＝現・さいたま市）戦、2回戦の新日鉄広畑（姫路市）戦を、ともに延長再試合の末に制して、8強入りした。しかし、延長2試合を含む4試合を消化して臨んだとあって、準々決勝は疲労の色を隠せず、日産自動車（横須賀市）に2―3で涙をのんだ。

こうした前年のベスト8敗退の経緯もあり、王座奪還への思いは募っていた。1回戦はトヨタ自動車（豊田市）と対戦。4―3の七回、長打力で勝負を決めた。

この回、先頭の佐々木正行（元ヤクルト、日本ハム）が左越え二塁打を放って口火を切ると、4、5番に入った武居邦生（DeNAスカウト）内山仁志（現・長田、ヤマハ）の日本楽器（現・ヤマハ）補強組が続いた。まず、武居が左翼へ2ラン、内山も左翼へ打ち込んだ。内山の一撃は場外に消え、相手の度肝を抜いた。この後、さらに1点を加え、一気にリードを広げた。

二回にも主将の中本龍児（三養荘）が左翼へ運んでおり、3本塁打など16長短打をつるべ打って9―4と圧倒し、2回戦に進んだ。

**1980年都市対抗
1回戦トヨタ自動車戦
出場メンバー**

④	山本　秀樹
⑥	高林　勝
⑨	佐々木正行
③	武居　邦生
⑦	内山　仁志
⑧	中本　龍児
⑤	井出　実
H	馬場　俊治
R5	相磯　美弘
②	秋山　美憲
R	上川　誠二
2	中村　行利
①	杉本　正
H	建石　樹夫
1	久保真一郎
1	鈴木　政明

1980年都市対抗2回戦　新日鉄光戦1回表、井出は満塁本塁打を放ちホームイン＝後楽園球場（大昭和製紙野球部史から）

新日鉄光（光市）を相手にした一戦は、立ち上がりの井出実（富士市在住）の満塁本塁打が大きくものをいった。

一回、2死満塁から中本の中前適時打で1点を先制。ここで打席に入った井出は、3―2からの8球目、真ん中直球を鋭くとらえ、右翼席に打ち込んだ。「めったになかった」という井出の右への本塁打で早々と主導権を握り、6―3で押し切って8強入りした。

準々決勝は日本鋼管（現・JFEスチール、川崎市）と顔を合わせると、本塁打攻勢で7―0と圧倒した。9安打のうち4本が本塁打で、投手の杉本正（西武コーチ）も自ら右翼席にアーチを描いた。

杉本は御殿場西高出身の3年目。左のエースに成長し、ベテラン右腕の鈴木政明（旧姓・山根、静清高コーチ）とともに投手陣を支えていた。杉本先発、鈴木リリーフが予選からの勝ちパターンだったが、この試合は大きく割れるカーブを武器に相手打線を寄せ付けず、完封勝ちを演じた。

大昭和、三たび頂点③

〝兄弟対決〟に競り勝つ

1980年（昭和55年）の都市対抗で、大昭和製紙（現・日本製紙）は〝メガトン打線〟をバックに毎試合圧勝してベスト4に進出した。だが、準決勝は、僅差の競り合いとなった。

相手は大昭和北海道（白老町）。62年の創部後、着実に力をつけて、74年に都市対抗を制した実績があり、80年も有力チームの一つに挙げられていた。

注目の〝兄弟対決〟は「事実上の決勝」といわれ、球趣は盛り上がった。しかし、兄の貫禄で主導権は渡さなかった。

一回、2死満塁から主将・中本龍児（三養荘）の三塁内野安打で1点を先制した。その裏、追い付かれたが、二回、右中間二塁打の杉本正（西武コーチ）を山本秀樹（ヤマハ）の左翼線二塁打で迎え入れ、すかさず突き放した。

ところが、四回に再び同点とされると、流れが相手に傾きかけた。北海道の2番手、大型右腕の竹本由紀夫（修善寺工高出）に、打線が抑え込まれたのだ。竹本は新日鉄室蘭からの補強選手で、大会後、ドラフト1位でヤクルト入りする。

だが、メガトン打線は奮起した。2―2で迎えた七回、1死一、三塁から日本楽器（現・ヤマハ）補強組の武居邦生（DeNAスカウト）が右前へ痛打し、竹本から決勝の3点目をもぎ取った。

兄弟対決勝利に大きく貢献したのが、2番手

1980年都市対抗 決勝 出場メンバー

④	山本　秀樹
⑥	高林　勝
⑨	佐々木正行
③	武居　邦生
⑦	内山　仁志
H	永嶋　顕彦
7	平井　一男
⑧	中本　龍児
⑤	上川　誠二
②	秋山　美憲
①	杉本　正
1	鈴木　政明

で登板した鈴木政明（静清高コーチ）。六回無死一塁で杉本をリリーフし、北海道打線を完璧に封じ込んだ。鈴木は旧姓の山根時代の10年前に優勝を経験し、その後も投手陣の一翼を担い続けていた。

決勝の相手は札幌トヨペット（札幌市）。事実上の決勝戦を制しての決勝進出とあって、大いに盛り上がり、「前祝いをやった」と、日楽から加わった内山仁志（現・長田、ヤマハ）。

試合は投打に力の違いを見せつけた。二回、相手守りのミスを突き、大量6点を奪って早々と大勢を決し、投げては杉本―鈴木の必勝リレーで反撃を封じ、8―3の圧勝で優勝を勝ち取った。

10年ぶりの黒獅子旗（優勝旗）獲得に、主将の中本は「やっと取れた―と安堵《あんど》した」のが忘れられないという。

3度目の頂点に立った。だが、これが最後の歓喜だった。

1980年の都市対抗を制し、記念撮影に納まる大昭和製紙の面々＝後楽園球場
（大昭和製紙野球部史から）

日楽 都市対抗制す①

地道な練習で基礎固め

１９７２年（昭和47年）の都市対抗野球で、浜松市の日本楽器（現・ヤマハ）が初優勝した。企業スポーツは、戦後の日本スポーツ界の発展を支えてきた。社会人野球はそんな企業スポーツの代表で、70年代前半といえば隆盛期のただ中にあった。

創部は58年。実績を積んだ軟式野球を基盤に、3月に硬式野球部が発足した。同業のライバルである河合楽器が前年に、一足早く部をスタートさせたことも刺激になった。

初代監督は飯尾万喜三（浜松市中区在住）が務めた。飯尾は浜松北高出身。プロ野球の東急（現・日本ハム）と阪急（現・オリックス）でマウンドに上がった経験の持ち主で、社長・川上源一（故人）の要請を受け、部発足の準備を進めた。

まず飯尾が手掛けたのは部員集めだった。県西部地区の高校生を中心にセレクションを実施し、参加した60人余りの中から13人を採用。従来からの顔触れに新戦力を加え、始動にこぎ着けた。

専用グラウンドはなく、浜松球場や天竜川工場などといった練習会場を求めて渡り歩いた。練習環境には恵まれなかった。しかし、飯尾の指揮で地道に練習に取り組んだ。

チーム始動からわずか3カ月後、産声を上げたばかりのチームが躍動した。初めて挑んだ都市対抗予選。「一発勝負だから、何が起こるか分からないと思っていた」との飯尾の思いを体現するかのように、県内チームで争う1次予選を2位で突破して2次予選の山静大会に進出した。

山静地区の当時の代表切符は1枚。この1枚を県勢の大昭和製紙（現・日本製紙）、本州製紙と山梨の峡東クラブとともに争った。

1回戦で本州を5―2で下し、2回戦は大昭和に0―4で屈したが、敗者戦で再び対戦した本州に5―4で逆転サヨナラ勝ちして代表決定戦に進んだ。相手は大昭和。今度は互角に渡り合ったが、六回に決勝本塁打を許し、0―1の惜敗で本大会行きを逃した。

発足1年目の快進撃で期待度は高まった。強化策も次々と打ち出され、指揮官が基礎固めに力を尽くした飯尾から元阪急の内野手、酒沢成治（故人）に代わった。酒沢の下で新たなスタートを切ったものの、行く手は決して平たんではなかった。

1958年創部当時の日楽ナイン（ヤマハ野球部創部50周年記念誌から）

日楽 都市対抗制す②

創部8年、初の本大会へ

日本楽器は創部1年目の1958年（昭和33年）、都市対抗の1次予選を突破し、いきなり山静地区代表決定戦に進出した。代表権こそ手中にできなかったものの、2年目以降の飛躍に期待を抱かせた。しかし現実は厳しく、59、60年と2年連続、1次予選で姿を消した。

新興・日楽にとり、乗り越えなければならない存在があった。挑んでは跳ね返される大昭和製紙である。

プロ球界出身の監督、酒沢成治（故人）は打倒大昭和を目指し、自身の人脈を生かしてプロ経験者を迎え入れた。酒沢は大昭和製紙野球部史に寄せた一文の中で「大昭和の強さを知らない人を中心にした方が良いと思い、大昭和コンプレックス解消のためにプロの選手を集めた」と記している。

61年の山静大会は、その大昭和にいったん先行した。2回戦で顔を合わせ、2―1で逆転勝ちしたのだ。決勝点をたたき出したのは元阪急の市原精二（浜松市西区在住）で六回、見事に左翼席に打ち込んだ。だが、代表決定戦で敗者復活戦を勝ち抜いてきた大昭和に連敗。またも分厚い壁を破れなかった。

63年、同じ浜松勢の河合楽器が都市対抗に初

1965年、初の都市対抗出場を決めた山静大会の対金指造船戦出場メンバー

③	矢野　智正
3	石川　正明
⑨	佐古田恒三
⑦	佐々木彬夫
7	奥山　守人
⑧	中山　善弘
⑤	岡本　伸夫
④	池本　武彦
⑥	中野　孝征
②	村上　公康
①	仲子　隆司

創部8年目の1965年、都市対抗初出場を決め、オープンカーで浜松市中心部をパレードする
（ヤマハ野球部創部50周年記念誌）

出場した。ライバル社にも先を越され、周囲の期待は重圧に変わりつつあった。

そんな状況下で迎えた創部8年目の65年、ついに全国への扉をこじ開けた。立大監督として実績を残した辻猛（故人）を総監督に迎え、新たなチームづくりに着手したばかりだった。

1次予選は敗者復活戦に回ったが、しぶとく4位で通過。リーグ戦で争った山静大会は全櫛形（山梨）、日本軽金属、金指造船を連破し、2位以内を確定した。1、2位決定戦は大昭和に敗れたが、「1」だった山静地区代表枠が前年から「2」に広がったため、金指を下した時点で悲願の都市対抗出場が決定した。

立役者は3年目の左腕、仲子隆司（浜松市中区在住）だった。2戦目の日軽金、3戦目の金指にともに完封し、初の本大会行きを引き寄せた。

悲願達成を市民も大歓迎。オープンカーで目抜き通りを祝賀パレードすると、市民が沿道を埋め尽くし、市体育館の壮行の夕べには5千人が詰め掛けて初出場を祝った。

2度目の出場でV決戦

1965年（昭和40年）、日本楽器は初めて都市対抗本番の舞台に立った。

デビュー戦の相手は古豪の八幡製鉄（現・新日鉄住金、北九州市）。初めて味わう都市対抗独特の雰囲気に押され、動きは硬かった。山静大会で快投を演じた左腕の仲子隆司（浜松市中区在住）は精彩を欠き、守りも乱れて0―5で完敗した。仲子は初戦敗退を振り返った。「今思うと、出るのが目的だった」と。

初出場前年の64年に11人、65年に14人と意欲的に新戦力を補強、さらに66年は大量20人を迎え入れて連続出場を目指した。ところが当時の山静地区は名だたる激戦区。2次予選の山静大会で涙をのんだ。

連続出場は断たれた。だが翌67年、1次予選と山静大会を負け知らずに突破すると、2度目の都市対抗で決勝まで勝ち上がった。

晴れ舞台は初戦から劇的勝利の連続だった。1回戦は電電近畿（現・NTT西日本、大阪市）と対戦、九回、3点差を追い付き、延長十四回、4―4で引き分けた。再試合もすんなりとはいかなかった。一回裏、豪雨に見舞われて中断。3時間45分後の再開戦はリードを許す展開となったが、粘って追い付き、延長十回、8―5で競り

1967年の都市対抗決勝
対日石戦の出場メンバー

⑦	米倉　守信
7	東本　芳徳
④	川島　勝司
H	藤下　弘毅
R	片桐　鉄也
⑨	加藤　昭
⑧	合田　嘉寛
⑥	中野　孝征
⑤	三原　啓治
③	塩沢　誠
H	田仁　幸光
3	石川　正明
②	大場　勝
①	仲子　隆司
H	丸田　憲仁
1	三田　晃
H	神谷　恒雄

勝った。

2回戦の立正佼成会（東京都）戦は土壇場で東本《とうもと》芳徳（東京都在住）が2ランを放ち、4―2でサヨナラ勝ちした。続く準々決勝は仲子の2安打投球で拓殖銀行（札幌市）を寄せ付けず、4―0で快勝した。

準決勝はまたももつれた。相手は日立製作所（日立市）。互いに譲らず延長十三回、4―4で引き分け、再試合は五回表が終わり、豪雨で中断、ノーゲームとなった。3度目の対決も1―1で延長に突入したが、延長十回、3―1で熱闘にけりを付けた。

決勝は日本石油（現・JX―ENEOS、横浜市）が相手だった。初Vを目指したが、日石のエース平松政次（野球解説者）の鋭い投球に打線が沈黙、0―6で屈した。

激戦の連続で、準決勝までにほぼ8試合分の70回を戦い抜いた。決勝は疲労の色を隠せず、進撃は止まった。だが、戦いぶりは高く評価され、チームが特別賞の小野賞に、仲子が敢闘賞に当たる久慈賞に選ばれた。

1967年の都市対抗1回戦の対電電近畿戦の再試合、9回、同点本塁打の山田（左）を全員で出迎える＝後楽園球場（ヤマハ野球部創部50周年記念誌から）

投打に充実、悲願の制覇

創部15年目の1972年（昭和47年）、日本楽器は念願の都市対抗制覇をやってのける。

71年秋、入社6年目、28歳の川島勝司（日本野球連盟副会長）が監督に就任する。67年に準優勝しながら、翌68年から3年連続で都市対抗の本大会出場を逃すなど、不振にあえいでいた。そんなチームの再浮上を青年監督にゆだねたのだった。

若き指揮官の下、復活を懸け72年の都市対抗に挑んだ。1次予選は2位通過だったが、山静大会は3連勝し、1位で本大会出場を決めた。

指揮官として初めて臨む都市対抗の晴れ舞台とあって川島は意気込んでいた。ところが、大会直前に、チームに衝撃が走った。投手陣の2本柱の一人である池谷公二郎（野球解説者）が練習中に右手人差し指を負傷したのだ。

池谷負傷の瞬間、川島は「頭が真っ白になり」、すぐ練習を打ち上げさせた。だが、気持ちを切り替え、もう一本の柱の新美敏（ウィーン'94監督）に全てをゆだねることを即断した。新美も心得ていて「自分が投げるつもりだった」と、迷うことなく本番のマウンドに立った。

1回戦は新日鉄広畑（姫路市）と対戦。前年優勝チームだったが、3―0で完封勝ちし、好スタ

1972年の都市対抗決勝
対三菱川崎戦
出場メンバー

⑧	山本	好宏
⑥	榊原	良行
⑤	船見	信幸
③	小田	義人
⑨7	植松	清春
4	清田	光隆
⑦	辻	哲也
9	大場	勝
②	古川	義弘
④	箕輪	努
7	畑尾	研二
①	新美	敏

1972年、念願の都市対抗制覇をやってのけ、大観衆の前をV行進＝後楽園球場

ートを切った。2回戦は三菱名古屋（名古屋市）を12―2と一方的に退け、準々決勝は優勝候補の日立製作所（日立市）に延長十回、3―2でサヨナラ勝ちした。さらに、準決勝は西濃運輸（大垣市）を6―1と圧倒。決勝は三菱自動車川崎（川崎市）を4―0と寄せ付けず、ついに頂点に立った。

初Vの原動力は新美だった。準々決勝で1イニングだけ池谷にマウンドを譲った以外、見事に投げ抜き、橋戸賞（MVP）を獲得した。

打線も火を噴いた。3番の船見信幸（浜松市西区在住）が打撃賞の活躍を見せれば、植松清春（現・山本、河合楽器、湖西市在住）、小田義人（大昭和、ヤクルトスカウト）ら補強組も快打を連発した。植松は日立戦の延長十回、サヨナラ本塁打を放って劇的な勝利を呼び込んだ。

65年の初出場パレードから12年。優勝の証しである黒獅子旗を先頭に目抜き通りをV行進し、浜松市民の祝福を浴びた。

駆け抜けたヤマハ発動機①

豊富な人脈で選手確保

1980年代前半、社会人球界を疾風のごとく駆け抜けたチームがあった。ヤマハ発動機である。球音を響かせたのはわずか3年だった。だが、日本選手権を制し、都市対抗はベスト8入り、と記憶に残る活躍で球史を飾った。

発足は81年。要請を受けて、監督に就任した望月教治（焼津市在住）が前年から準備を重ねてきた。望月は熊谷組、専大、静岡商高などで指揮を執った実績があり、豊富な人脈を生かして選手確保に奔走した。井熊雄児（ヤマハフットボールクラブ）も声を掛けられた一人で、「新しいチームに魅力を感じ」、望月率いるチームに発足から加わった。

シーズンインに合わせ、磐田市大久保にホームグラウンドが完成した。いまはサッカーJリーグ・ジュビロ磐田の練習拠点になっているが、もともとは野球場で、新生野球部始動の場である。

チームはまず、4月の県支部大会に臨んだ。1回戦で富士クラブを7―0、七回コールドで退け、デビュー戦を飾ったが、2回戦で関東自動車（現・トヨタ自動車東日本）に1―4で敗れ、チームとしての未熟さを痛感させられる。

2カ月後、都市対抗の1次予選が始まった。新興チームといえども企業勢の一角。準々決勝から

1981年都市対抗
1次予選静岡物産ク戦
出場メンバー

⑧	長谷川忠治
④	田中　康彦
⑤	上野　貴士
⑨	野口　恭弘
②	山本　常義
⑥	阿部　慶二
⑦	足立　　勝
③	井熊　雄児
H	寺林　孝嗣
3	末次　秀樹
①	高見　昌和
1	山本　賀久

登場し、静岡物産クラブに4―2で競り勝った。だが、準決勝で日本楽器（現・ヤマハ）に4―6で跳ね返された。それでも、敗者戦で吉原商工クラブを8―0、七回コールドで下して、リーグ戦で争う、2次予選行きを決めた。

指揮官の望月は、チーム発足前の社内報で、当面の目標は―と問われ「都市対抗2次予選進出」と答えている。その2次予選に駒を進めた。しかし、壁は厚かった。

大昭和製紙（現・日本製紙）が前年の都市対抗を制し、本大会へのシード出場が決まっていた。このため、2次予選は1次予選を突破した河合楽器、日楽、関東、それにヤマハ発の4チームで、二つの代表枠を争った。

初戦の相手は河合だった。継投策で強力打線に応じたが、0―3で押し切られた。続く日楽には0―1、関東にも2―3で敗れ、3連敗で終わった。点差をみれば、いずれも接戦と映る。だが、捕手の山本常義（NTT西日本）は「点差以上のものを感じた」ことを鮮明に覚えている。

1981年都市対抗1次予選静岡物産ク戦　3回表1死3塁、野口が試合を決める2ランを放つ＝草薙球場

移籍組が躍進の原動力

創部2年目の1982年（昭和57年）、ヤマハ発動機は大きく飛躍する。躍進の原動力は、大昭和製紙（現・日本製紙）からの移籍組だった。

大昭和は前年のシーズン終了後、社業不振を理由に、野球部の活動停止に踏み切った。これに伴い、主将の中本龍児（三養荘）、エースの鈴木政明（旧姓・山根、静清高コーチ）、主軸打者の山本秀樹（ヤマハ）馬場俊治（NITS）ら7人が新天地に移ったのだ。

新たに加わったのは大昭和からの移籍組だけではなかった。高校、大学からも意欲的に補強。新加入は22人を数えた。

当然のように戦力は一気にアップ、4月の社会人野球静岡大会で変容ぶりを披露した。初戦（2回戦）で前年の日本選手権優勝チーム、富士重工に5—0で快勝。これで勢いに乗ると、電電東海（後にNTT西日本に統合）、日本楽器（現・ヤマハ）を連破して決勝に駒を進めた。

決勝は河合楽器に3—4で競り負けた。しかし、強豪を次々と倒しての決勝進出は、その後の躍進を予感させた。

6月、都市対抗の出場権を懸けた戦いが始まった。1次予選は順調に突破し、日楽、河合、関東自動車（現・トヨタ自動車東日本）とともに、

1982年都市対抗
2次予選河合楽器戦
出場メンバー

④	山本	秀樹
⑥	矢田	秀典
⑦	水江	正孝
⑧	中本	龍児
③	馬場	俊治
⑨	野口	恭弘
H9	相磯	美弘
⑤	阿部	慶二
②	山本	常義
①	鈴木	政明

1982年都市対抗2次予選河合楽器戦　11回表、決勝2ランの馬場（15番）が喜びのホームイン=草薙球場

2次予選に進んだ。

　2次予選は例年通り、リーグ戦方式で二つの代表枠を争った。初戦は、山本秀の先頭打者本塁打などで立ち上がりから関東を圧倒、10―1で大勝した。2戦目は日楽と激しい打撃戦を演じたが、延長十回、8―11で競り負けた。

　3戦目は河合と対戦した。ともに1勝1敗。日楽が前日、2勝目を挙げ、本大会行きを決めたことから、河合との同星対決は二つ目の代表権争奪戦となった。

　ヤマハ発動機の先行で始まった試合は、互いに譲らず延長に突入、1―1で十一回表の攻撃を迎えた。1死から中本が左前打で出塁すると、続く馬場がバックスクリーン左に豪快に打ち込んだ。「手応えはあった。だけど、入るとは」と振り返った一撃が決勝2ランとなり、初めて出場権を手にした。

　マウンドを守った鈴木は、新たなチームでの本大会出場に懸けていた。「石にかじりついても出るつもりだった」と、11回を執念で投げ抜いた。

鮮やか集中攻撃で頂点

ヤマハ発動機は１９８２年（昭和57年）の都市対抗に駒を進めた。創部２年目、異例のスピードでつかんだ初の代表権だった。

１回戦は電電九州（後にＮＴＴ九州、熊本市）と対戦。３―５で迎えた八回、２死一、二塁から野口恭弘（後に三菱名古屋に移籍）が豪快に左翼席に打ち込み、６―５で逆転勝ちした。

２回戦は効果的な攻めで富士重工（太田市）から９安打で８点をもぎ取った。投げてはベテランエースの鈴木政明（旧姓・山根、静清高コーチ）が円熟味あふれる投球を展開、４安打に封じ込んだ。

強敵に８―０で圧勝して８強入り。住友金属（和歌山市）と相まみえた準々決勝は、九回裏２死まで４―３とリードし、勝利を手にしたかに思えた。ところが、ここから反撃を許し、島田宗彦（阪神スコアラー）に逆転３ランを浴びて４―６でサヨナラ負けした。打たれたのは鈴木。「内角のまっすぐ」と痛恨の１球の記憶は鮮明だ。

都市対抗から２カ月半、今度は日本選手権に初挑戦した。予選は決勝で日本楽器（現・ヤマハ）を７―３で下し、１位で通過した。

２回戦から登場し、日産自動車と顔を合わせた。試合はもつれたが、３―３の九回裏、代打・

1982年日本選手権決勝日本通運戦出場メンバー

④	山本	秀樹
⑥	矢田	秀典
⑦	水江	正孝
⑧	中本	龍児
③	馬場	俊治
⑨	野口	恭弘
⑤	上野	貴士
②	山本	常義
①	鈴木	政明
H	相磯	美弘
1	山本	賀久

山本和久（後に三菱水島）が殊勲打を放ち、4—3でサヨナラ勝ちした。準々決勝は高見昌和と山本賀久（後に三菱名古屋）の若手コンビの継投策で、日本生命に2—1で競り勝ち、4強入りした。

Yamaha Topics

ヤマハニュースは
販売店みなさまの
情報誌です。

お店のみなさまがつくる、みなさまのための「ヤマハニュース」をめざして、積極的な誌上参加をお待ちしております。
ご商売にまつわるさまざまな話題、明るいニュースなど、どんなものでも結構です。お電話で、お手紙でどうぞお気軽にお寄せ下さい。取材要請、ご質問、ご相談もどうぞ。
宛先は——
〒438 静岡県磐田市新貝2500 ヤマハ発動機株式会社広報部・宣伝課
「ヤマハニュース」係
☎05383(2)1111 内線2356

ヤマハ野球部 社会人野球・日本一に！

ヤマハ発動機・野球部が、創部2年目にして社会人野球日本一の〝ダイヤモンド旗〟を獲得しました。

今年の社会人野球実力日本一を決める第9回社会人野球日本選手権大会は、10月24日から8日間、大阪球場に全国の代表24チームが参加して熱戦をくりひろげました。

この大会に中部地区代表として出場したヤマハ発動機は、2回戦（1回戦は不戦勝）日産自動車（関東）4対3、準々決勝・日本生命（近畿）2対1、準決勝・電電関東（関東）2対1と強豪をつぎつぎに打破って決勝戦に駒を進めました。

そして、関東代表・日本通運との間で争われた優勝戦でも、エース鈴木政明とリリーフ山本賀久の好継投で先制した3点を守り抜き、3対1で創部26年目の古豪・日本通運を降し初出場でみごと日本一の座に輝いたものです。

なお、この大会の最高殊勲選手に鈴木政明投手が選ばれ、鈴木投手、山本常義捕手、山本秀樹内野手、上野貴士内野手、野口泰弘外野手の5選手が大会優秀選手に選ばれました。

夏の都市対抗での大活躍につづき、初陣ヤマハをみごと日本一に導いた望月教治監督

気力の連投でヤマハ日本一への原動力となったベテラン鈴木投手を胴上げして優勝を喜びあうヤマハ野球部の面々

社会人野球実力日本一のダイヤモンド旗が、ヤマハ上野主将に贈られた

1982年の日本選手権優勝を伝える「ヤマハニュース」

準決勝の相手はNTT関東（後にNTT東日本に統合）。0—0の七回、エース鈴木自らの先制打と山本秀樹（ヤマハ）の追撃打で2点を奪い、鈴木が反撃をその裏の1点に抑え、2—1で逃げ切った。

決勝は日本通運と相対した。二回、鮮やかな集中攻撃をみせ、野口と山本秀の二塁打などで3点を挙げて、優位に立った。四回、先発の鈴木が疲れから1点を奪われたが、リリーフした山本賀が気合の投球で好投。3—1で押し切って、頂点に立った。

MVPは鈴木。2回戦と準決勝で完投勝ちした味のある投球が評価された。

日本選手権初出場、初優勝の栄光から1年後の83年10月、突然、休部を発表した。創部わずか3年での活動停止は、社会人球界だけでなく、わが国の企業スポーツ全体に大きな波紋を投じた。

ヤマハ 新社名で躍動①

高卒新人・西村に賭ける

1987年（昭和62年）、日本楽器は創立100周年を迎え、社名を「ヤマハ」に切り替えた。この節目の年の都市対抗野球で見事、頂点に立った。15年ぶり2度目の黒獅子旗（優勝旗）獲得であり、「ヤマハ」の門出を飾るメモリアル優勝となった。

社名の変更は10月1日からだった。このため6月の山静予選は「日本楽器」で出場した。1次予選を1位で通過して臨んだ2次予選。エース劉秋農（台湾）ら投手陣がつかまり、初戦で大昭和製紙（現日本製紙）に7—8で競り負けた。

2次予選は4チームが1回戦総当たりのリーグ戦で代表2枠を争う。続く関東自動車（現トヨタ自動車東日本）戦を落とせば2敗となり、本大会行きは消える。

100周年の節目に予選敗退は許されない。監督の川島勝司（日本野球連盟副会長）は、後のない第2戦に高卒ルーキーの西村龍次（香川・寒川高出）を先発させた。西村は後にドラフト1位でヤクルト入りする逸材だが、まだ実績は乏しかった。しかし、川島は先発のマウンドを託した。「西村に賭けた」と。

西村は力投した。捕手・佐藤正則（ヤマハ）のリードで七回を5安打1点に抑え、川島の期待

1987年の都市対抗
山静2次予選河合楽器戦
出場メンバー

④	山本　秀樹
⑥	中山　淳
⑨	中村　和彦
③	武居　邦生
⑦	高重　隆治
7	小林　直樹
②	佐藤　正則
⑧	内藤　雅人
⑤	宮坂　重雄
5	鈴木　康一
①	劉　秋農

に応えた。健闘する新人投手を打線が援護した。特に気を吐いたのは3番の中村和彦（ヤマハファインテック）だ。満塁弾と3ランの2本塁打を放って7点をたたき出し、8―3の勝利に貢献した。

3戦目は河合楽器と激突した。直前の試合で大昭和が3連勝して第1代表の座に就いたことから、河合との一戦は第2代表決定戦となった。

一回、佐藤の満塁本塁打などで一気に5点を奪って機先を制した。その後も攻撃の手を緩めず着々と加点してリードを広げた。マウンドを守ったのはエースの劉。大昭和戦は序盤につかまったが、浜松対決は安定した投球を見せて3失点と踏ん張った。試合は13―3、八回コールドの圧勝で、１００周年の重圧の中、7年連続15度目の本大会行きを決めた。

都市対抗が開幕した。日楽は新社名の「ヤマハ」で臨み、ユニホームの胸の表記も「ＮＩＣＨＩＧＡＫＵ」から「ＹＡＭＡＨＡ」に変わった。

1987年、山静2次予選を勝ち抜き、都市対抗出場を決めたヤマハ（日本楽器）ナイン
=草薙球場

ヤマハ 新社名で躍動②

村瀬激走、執念の逆転劇

いま、都市対抗は東京ドームを舞台にしのぎを削り合う。しかし、１９８７年（昭和62年）までは前身の後楽園球場が戦いの場だった。その87年夏、後楽園最後の都市対抗は「ヤマハ旋風」で沸いた。

創立１００周年を迎え、社名も日本楽器からヤマハに切り替わる節目の年とあって周囲はいやが上にも盛り上がった。だがそんな声をよそに、監督の川島勝司（日本野球連盟副会長）は「一歩一歩進んでいく」と冷静に足元を見据えていた。

打線は強力だった。しかし、投手力に不安があった。というのもエースの劉秋農（台湾）が冬場に右肘を手術し、完全復帰していなかったからだ。

１回戦はＮＴＴ北陸（金沢市）と対戦。劉が先発したが、序盤に3失点して二回途中で降板した。試合は打撃戦となり、４―５で迎えた八回、２死二、三塁から武居邦生（ＤｅＮＡスカウト）の二塁内野安打と敵失でしぶとく６―５と逆転。最後は高久孝（ヤマハ）がきっちりと締めくくった。

２回戦の松下電器（現・パナソニック、門真市）戦は一回、先頭の金指幸男（ヤマハ）以下の８打数８連続安打の大会新で大量8点をもぎ取った。度肝を抜く先制攻撃は楽勝を思わせたが、試合はもつれた。

1987年の都市対抗
松下電器戦
出場メンバー

⑦	金指　幸男
④	山本　秀樹
Ｈ3	村瀬耕次
⑨	中村　和彦
③5	武居邦生
⑧	高重　隆治
8	内藤　雅人
②	佐藤　正則
⑥	中山　淳
⑤4	盛　隆章
Ｈ	後藤　政広
①	西村　龍次
1	山中　保彦
1	太田　健次
1	高久　孝
Ｈ	尾上　裕介

1987年都市対抗2回戦　延長11回裏、村瀬の激走が落球を誘い、逆転サヨナラ勝ち
＝後楽園球場（ヤマハ野球部創部50周年記念誌から）

投手陣の乱調が響いた。5本塁打を浴び、六回には10―10とタイに持ち込まれた。そのまま延長にもつれ込み、十一回には勝ち越し点を奪われた。

だが、徳俵で踏ん張った。1点を追う十一回裏、2死一、二塁と食い下がり、中村和彦（ヤマハファインテック）が左打席に入った。2―2からの5球目。鋭くとらえた一打は右翼線を破った。

まず1点を返し、一走の村瀬耕次（河合楽器からの補強、ミニミニフランチャイズ本部）も三塁を蹴った。「当たりが良すぎ、本塁は無理と思った」村瀬だが、三塁コーチの高柳信英（静岡産大監督）は腕を回した。「いちかばちか。何かが起こるかもしれないから」と。高柳の決断が奇跡を呼んだ。

明らかにタイミングはアウトだった。しかし、捕手と激突しながら本塁に飛び込んだ村瀬の足の先に白球がこぼれた。

12―11。逆転のサヨナラ勝ちでベスト8に名乗りを上げた。

投手が踏ん張りV奪還

１９８７年（昭和62年）の都市対抗で、ヤマハは打線の威力で1、2戦を制したが、8強対決からは投手陣が踏ん張った。

準々決勝は三菱重工神戸（神戸市）と顔を合わせた。監督の川島勝司（日本野球連盟副会長）がマウンドを託したのは劉秋農（台湾）。劉は手術した右肘に痛みが残り、先発した1回戦は序盤にKOされた。しかし、川島は「劉しかいない」とエースに賭けた。

劉は奮闘した。二回に1点を先制されたが、三回以降はコーナーを鋭く突いて追加点を与えなかった。

打線も劉を援護した。0―1の六回、山本秀樹（ヤマハ）が左翼へ逆転2ランを打ち込んだ。大物打ちではない山本の「狙って打った」一打で試合の流れを引き寄せてさらに2点を追加、4―1で退けて4強入りした。

ＮＴＴ東海（名古屋市）との準決勝は、太田健次（旧姓・小磯、故人）―山中保彦（ヤマハ）の継投策で乗り切った。川島は失点覚悟でベテランの太田を先発させ、二回から予定通り山中を送って、2失点にしのいだ。

攻めては金指幸男（ヤマハ）の先頭打者本塁打で先手を取った。その後も効率よく3点を追

1987年 都市対抗決勝 出場メンバー

⑦	金指　幸男
H	尾上　裕介
7	小林　直樹
④	山本　秀樹
⑨	中村　和彦
⑤3	武居　邦生
③	村瀬　耕次
5	盛　隆章
⑧	高重　隆治
R8	内藤　雅人
②	佐藤　正則
⑥	中山　淳
①	劉　秋農
1	高久　孝

加、4―2で振り切って決勝に駒を進めた。

V決戦は東芝（川崎市）と対戦、チャンスを確実に生かして、4点をもぎ取った。2試合ぶりに登板した劉は、切れ味十分のスライダーを軸に、強打の東芝打線を八回までゼロに封じた。

ところが九回、2死から3ランを浴び、1点差に詰め寄られた。ベンチの川島はマウンドに走り、劉に声を掛けた。「任せた」と。ところが、川島はこの回既にマウンドに向かっていた。同じ回の2度目のマウンド行きは投手交代を意味するのだが、川島は失念していて審判に指摘されるまで気付かなかった。

劉は降板を余儀なくされ、高久孝（ヤマハ）がリリーフに走った。突然の出番だったが、高久は「いつでも行けるように備えていた」ため、まったく動じなかった。後続打者を三振に切って取り、4―3のままマウンドを守り抜いた。

5試合中、3試合が1点差。相次ぐ接戦を制して頂点に立った。都市対抗制覇は15年ぶり2度目。しかも100周年と「ヤマハ」への社名変更を飾る、値千金の黒獅子旗（優勝旗）奪還だった。

1987年都市対抗決勝。2度目の優勝を飾り、喜びに沸くヤマハナイン＝後楽園球場

移籍のベテランけん引

2度目の優勝から3年後、1990年（平成2年）の都市対抗でヤマハは三たび黒獅子旗（優勝旗）を獲得する。

シーズンの開幕を飾る社会人野球東京大会は、1回戦で敗退した。しかし、静岡大会、京都大会、ベーブルース杯でいずれもベスト4まで勝ち上がり、手応えをつかみながら都市対抗出場を懸けた戦いを迎えた。

1次予選は3回戦から登場。富士クラブ、大昭和製紙（現日本製紙）、河合楽器を連破し、1位でリーグ戦方式の2次予選に進んだ。

まず大昭和と対戦すると、2年目の吉田篤史（独立リーグ信濃元コーチ）が粘投し、5―2で退けた。第2戦は関東自動車（現トヨタ自動車東日本）に7―4と打ち勝ち、続く河合戦は8―5で逆転勝ちして3連勝し、第1代表で都市対抗本番に進んだ。

指揮を執った川島勝司（日本野球連盟副会長）によると、この年のチームは「ベテランと若手がうまくかみ合っていた」。ベテラン組の代表格は山本秀樹（ヤマハ）だった。山本は所属した大昭和、ヤマハ発動機が相次いで休部したため、84年に日本楽器時代のヤマハに加わった。

山本は大昭和で都市対抗、ヤマハ発で日本選

1990年都市対抗
2次予選大昭和製紙戦
出場メンバー

④	山本　秀樹
⑥	中山　淳
⑧	内藤　雅人
⑨	中村　和彦
D	金指　幸男
HD	小阪田　宏
③	小川　泰生
H3	武居　邦生
⑤	山路　哲生
⑦	渋谷　寿成
②	佐藤　正則
①	吉田　篤史

手権の優勝を経験、豊富な実績を生かしてチームをけん引した。主軸打者の内藤雅人（磐田ボーイズ監督）は「山本さんは目標だった」といい、監督の川島は「彼の存在は大きかった」と、あらためて〝山本効果〟を口にした。

1990年都市対抗2次予選、対大昭和戦8回表、貴重な追加点に沸くヤマハベンチ＝富士球場

　さて、都市対抗本番。1回戦は西濃運輸（大垣市）を圧倒した。打線が猛打をふるって3本塁打などで着々と加点すれば、投げては若手右腕の吉田が球威十分の直球を武器に力投、10—0で七回コールド勝ちした。

　2回戦はNTT東北（仙台市）と対戦。0—0の六回、内藤が豪快に左翼席上段に打ち込んで1点を先制、七回には6長短打を集めて4点を加え、優位に立った。

　先発は河合からの補強組の平田幸夫（河合楽器）。攻撃力に比べ、投手陣がやや手薄だったことから、平田の加入は大きかった。小気味いい投球が持ち味の平田は、八回を3失点でしのぎ、最終回はリリーフした吉田が走者を出しながらも得点を許さず、5—3で押し切って8強入りした。

総力戦の末、3度目制覇

1990年（平成2年）の都市対抗は、日本生命、東芝、日産自動車といった有力どころが1、2回戦で姿を消す大荒れとなった。そんな乱戦の構図の中を勝ち上がり、8強入りしたヤマハは準々決勝でJR東日本（東京都）と対戦した。

試合は1点を巡る攻防となった。二回、内野安打と盗塁、暴投で三進した中村和彦（ヤマハファインテック）を鈴木智治（河合楽器からの補強、河合楽器）の中犠飛で迎え入れて、1点を先制。この1点を吉田篤史（独立リーグ信濃元コーチ）が守り切った。2年目の19歳右腕は直球がよく走り、カーブの切れ味も申し分なかった。JR東日本打線を寄せ付けず、1安打完封。

1―0の準々決勝とは対照的に、準決勝と決勝は激しい打撃戦となった。まず準決勝。相手はNTT東海（名古屋市）だった。

先手を取りながらも投手陣が捕まり、四回を終わって3―6とリードを許した。だが五回、相手守りのミスからチャンスをつかみ、山路哲生（東北福祉大監督）の二塁打など3長短打で一挙5点を奪って逆転した。この後リリーフした吉田が反撃を1点に抑え、8―7で競り勝った。

決勝はさらに壮絶だった。新日鉄広畑（現新日鉄住金広畑、姫路市）を相手に佐藤正則（ヤマハ）、

1990年都市対抗
決勝新日鉄広畑戦
出場メンバー

④	山本　秀樹
⑥	盛　隆章
R6	中山　淳
⑧	内藤　雅人
⑨	中村　和彦
③	小川　泰生
D	後藤　政宏
⑦	野沢　洋久
⑤	山路　哲生
②	佐藤　正則
①	平田　幸夫
1	高久　孝
1	吉田　篤史

山路の2本の3ランなどで三回表までに9―0と大差をつけた。

これを見て応援団の一人は公衆電話に走り、浜松の職場仲間に「勝ったぞ」と早々と勝利報告をした。ところがスタンドに戻ると状況は激変、三回裏、一気に5点を失い、守勢に回っていた。

試合はもつれた。それでも主導権は渡さず、12―9とリードして九回裏の相手の攻めと相対した。マウンドは七回から登板の吉田。5連投で疲れはピークに達し「メタメタだった」といい、無死から2ランを浴びて1点差に詰め寄られた。

監督の川島勝司（日本野球連盟副会長）はたまらずベンチを飛び出して叫んだ。「1―0のつもりで行け」と。うなずいた吉田はなおも逆転のピンチを招いたが「最後は気力だけ」で後続を断ち切った。

12―11。総力戦の末につかんだ、3年ぶり3度目の都市対抗制覇だった。

3度目の都市対抗制覇を達成し、浜松市内をパレードするヤマハナイン（1990年7月31日）

河合楽器 都市対抗制覇①

大昭和を抑え初名乗り

2001年（平成13年）の都市対抗野球で河合楽器が初優勝した。創部46年目の悲願達成だった。

活動開始は1956年（昭和31年）。基盤となったのは51年始動の軟式野球部で、その活動実績が硬式野球部誕生につながった。

新生野球部は早速、都市対抗予選に出場。1次予選は清水クラブ、三島クラブを破って準決勝に進んだが、日本軽金属に0—2で屈して2次予選進出を逃した。

57年、さらに58年と1次予選敗退が続いた。だが、意欲的な戦力補強で着実に成長、62年には1、2次予選を勝ち抜いて代表決定戦に進んだ。ここは当時、圧倒的な強さを誇った大昭和製紙（現・日本製紙）に敗れたが、翌63年、打倒・大昭和を果たし、全国への扉をこじ開けた。

大昭和を破ったのは代表決定再リーグ最終戦。まだ一つだった代表枠を奪い合った。試合は接戦となったが、2—2の九回、細井達矢（豊橋市在住）の適時打などで2点をもぎ取った。先発の宮下秀担《ひでひろ》（宮下水産）がその裏をきっちりと抑え、4—2で押し切った。

宮下は日本軽金属戦に続く2試合連続の完投勝利で、全国初名乗りに大きく貢献した。宮下によると、部創設を推進した社長の河合滋（故人）

**1963年 都市対抗
山静大会代表決定リーグ
最終戦出場メンバー**

⑤	佐久間	隆
5	細井	達矢
④	一枝	修平
③	久米	孝一
⑧	谷野	彰
⑨	向笠	図至夫
⑦	堀内	嗣郎
7	百瀬	利男
⑥	渡辺	秀夫
②	小島	友宏
①	宮下	秀担

から「3連投くらいできるように」とハッパを掛けられていたという。

都市対抗には特有の補強制度があり、初の全国舞台は山崎征二、渡辺秀武ら大昭和と日軽金から5人を迎え入れて臨んだ。主軸打者の久米孝一（香川県さぬき市在住）は「5人の加入は大きかった」と振り返る。

初戦は電電四国（後のNTT四国、松山市）と対戦、宮下―渡辺の継投策で3―2で競り勝った。2回戦は2番手で登板した大昭和補強組の金沢宏の投打にわたる活躍で、八幡製鉄（現・新日鉄住金、北九州市）を7―2で退けて8強入りした。

リッカーミシン（八王子市）との準々決勝は打線が爆発した。5安打の山崎を筆頭に18安打の猛攻で14―1と大勝し、準決勝に進出した。

準決勝は立ち上がりの守りのミスが響いて積水化学（京都市）に1―5で苦杯をなめ、3位決定戦は日本石油（横浜市）に1―4で屈した。しかし初出場で4強入りし、「浜松に河合あり」を印象づけた。

1963年、初の都市対抗野球出場を決め、応援団の前で勢ぞろいする河合楽器ナイン=浜松球場（河合楽器野球部OB名簿・青春之賦から）

投手陣奮闘、Vあと一歩

「初出場ベスト4」から5年後の1968年（昭和43年）、5度目の都市対抗本番で準優勝し、存在感を一段と高める。

山静地区予選は2位で通過した。一つだった代表枠は64年から二つに増枠されており、1位の大昭和製紙（現・日本製紙）とともに本大会に進んだ。

1回戦は日本生命（大阪市）と対戦、延長十四回、0―0のまま引き分け、再試合となった。再試合は一回、堀内嗣郎（浜松市中区在住）の左中間二塁打などで3点を先制すると、日生の反撃を1点に抑え3―1で押し切った。

踏ん張ったのは投手陣。1試合目は菊池健泰（浜松市東区在住）―松井副武《そえむ》（アンドウ製作所）、再試合は広畑良幸（和歌山県橋本市在住）―松井の継投策で強打の日生打線を封じた。

投手陣は大会を通して奮闘した。「（味方打線が）先に点を取るまで頑張ろうが合言葉」（広畑）だったといい、準決勝まで先制点を許さなかった。

2回戦は電電東京（後のNTT東京、東京都）に追い上げられたが、延長十回、4―3でサヨナラ勝ち。準々決勝は日生戦再試合に続く広畑―松井の好継投で、いすゞ自動車（川崎市）に2―0で完封勝ちした。松井は本大会に入って調子を上げ、投げるたびに抑えの重責を果たした。

1968年都市対抗
1回戦日本生命戦・
1試合目出場メンバー

⑧	佐藤　正治
⑦	中尾　益也
⑨	上垣内　誠
③	堀内　嗣郎
②	岡庭　巌
⑤	川島　勝司
⑥	西村　俊二
①	菊池　健泰
1	松井　副武
④	佐野　勝稔

準決勝の相手は前年王者の日本石油（現・JX—ENEOS、横浜市）。2—1の八回、打棒好調の堀内が右翼席に打ち込み、点差を2に広げた。ところがその裏、試合は紛糾する。

河合楽器、初の決勝進出

前回優勝の日石をくだす

堀内が再度殊勲打

◇準決勝

河合楽器（浜松市）	001	001	010	3
日本石油（推薦・横浜市）	000	001	010	2

（河合）横山、松井—岡庭
（日石）三浦、保田—広瀬
▽本塁打　堀内
▽三塁打　川島▽二塁打　秋元
▽試合時間　2時間55分（中断56分）

56分間、試合は中…

秋元の走塁をめ…

1968年の都市対抗野球で決勝に進出を決めた河合楽器の活躍を伝える8月6日付静岡新聞

1死一塁から日石の主砲、秋元国武が左翼席に打ち込んだ。しかし、この一撃は幻の同点弾となった。秋元が二塁を通過する際、ベースを踏まなかった—と声を上げた河合のアピールプレーが認められたのだ。

試合は56分間の中断を挟み3—2で決着、決勝は富士製鉄広畑（現・新日鉄住金広畑、姫路市）と顔を合わせた。四回、犠飛で1点をもぎ取られ、初めて奪われた先取点を追った。だが、再三の好機も相手の好守に阻まれて生かせず、0—1で涙をのんだ。

初優勝は逃した。しかし勝負強くV決戦まで勝ち上がった。新人だった佐野勝稔（佐野ベースボール企画）は「会社の名誉を背負って戦っている、と痛感した」と思い返す。

杉内を攻略、逆転で8強

創部46年目の2001年（平成13年）、河合楽器は26度目の都市対抗の舞台で初めて黒獅子旗（優勝旗）を獲得する。

予選は苦しんだ。本大会代表枠はチーム数減少のあおりを受けて変遷を続け、01年は県1位が代表権を獲得、2位は東海地区第6代表決定戦に回り、最後の代表切符を争うことになっていた。

静岡地区2次予選が県1位の座を懸けた最終関門であり、河合、ヤマハ、関東自動車（現・トヨタ自動車東日本）と1次予選を勝ち抜いたヤマハ発動機硬式野球クラブの4チームで争った。

河合はリーグ戦方式の第2戦でヤマハと激突。5―4と1点リードの九回裏、逆転サヨナラ2ランを浴び、手痛い星を落とした。この敗戦が響き、東海地区第6代表決定戦に回った。

最後の代表切符は一光（名古屋市）と争った。試合は二転三転したが、勝負強さで上回り、7―5で競り勝って本大会出場を決めた。

監督の村瀬耕次（ミニミニフランチャイズ本部）は、2年目の半田雅彦（本田技研）を4番に抜てきして一光戦に臨んだ。すると、半田が4打数4安打4打点と気を吐き、勝利に大きく貢献した。

前年、予選敗退の屈辱を味わっていたことから、村瀬は「選手たちの勝利への思いは並々ならぬも

2001年都市対抗
東海地区第6代表
決定戦出場メンバー

⑥野口　健司
⑧福山　　竜
⑨奥村　幸司
③半田　雅彦
⑤星川　　学
⑦高田　智史
④大石　丈二
②深谷　亮司
DH康原工偉智

①鈴木　裕司
1今井　裕樹
1石井　隆之

のがあった」と痛感していた。

2年ぶりの都市対抗本番は、まず朝日生命（東京都）と対戦した。互いに譲らず2―2で迎えた九回裏、新人の広畑喜代史（本田技研）が相手のエース・金剛弘樹（翌年、中日入り）をとらえて右翼席に打ち込み、3―2でサヨナラ勝ちした。

広畑はじん帯を痛め、足にまだボルトが入った状態だったが、「打つだけでいいから」とDHに起用した村瀬の期待に見事に応えた。

2回戦の三菱重工長崎（長崎市）戦も僅差の競り合いとなり、1―2で九回の攻防に入った。ここで、三菱2番手の杉内俊哉（巨人）を攻略、関東自動車から補強した代打・宮崎雅史の右前適時打などで3点を奪ってリードを奪い返した。

最後は八回から登板した4番手の石井隆之（ヤマハコーチ）がきっちり締め、4―2の逆転勝ちでベスト8に駒を進めた。8強入りは12年ぶり。チームは勢いに乗った。

2001年都市対抗野球予選で2年ぶりの本大会出場を決め、喜ぶ河合楽器ナイン＝岡崎市民球場

チーム一丸で悲願達成

2001年（平成13年）の都市対抗で12年ぶりに8強入りした河合楽器は、準々決勝で昭和コンクリート（岐阜市）と壮絶な打ち合いを演じた。一回に1点を先制されたが、三回、先頭の主将・奥村幸司（ヤマハ）が初球を左中間席に放り込み、続く半田雅彦（本田技研）、星川学（ヤマハ）も初球をとらえ、そろって左翼席に運んだ。

豪快な3者連続初球本塁打で逆転し、試合の主導権を握ると、七回には星川の2本目の本塁打などで一気に5点を奪った。さらに八、九回にも加点し、10—5で九回裏の守りに入った。

5点リードは安全圏と思われたが、2番手登板の石井隆之（ヤマハコーチ）が捕まった。1、2回戦と好救援した石井だが「連投で疲れがあった」ため球威を欠き、1点差に詰め寄られた。だが、リリーフした新人の久本祐一（広島）が鮮やかに追撃を断ち切り、10—9で逃げ切った。

チームは追い込まれても動じなかった。奥村は「全員が役割を心得ていて、ピンチになっても負ける雰囲気はなかった」という。

準決勝は日産自動車（横須賀市）との息詰まる投手戦を制した。久本と並ぶ新人の山井大介（中日）が八回まで日産打線を寄せ付けず、九回は連投の久本が抑えて1—0で完封勝ちした。

2001年都市対抗決勝
三菱自動車岡崎戦
出場メンバー

⑥	野口	健司
⑧	福山	竜
⑨	奥村	幸司
③	半田	雅彦
⑤	星川	学
DH	広畑	喜代史
④	大石	丈二
②	深谷	亮司
⑦	大久保	剛
H7	高田	智史
①	石井	隆之
1	鈴木	裕司

決勝は三菱自動車岡崎（岡崎市）と対戦した。監督の村瀬耕次（ミニミニフランチャイズ本部）は、V決戦の先発マウンドを石井に託した。28歳の石井は若手ぞろいの投手陣のリーダー格で、村瀬は「最後は石井」と決めていた。

2001年の都市対抗野球。初の頂点に立ち、記念撮影で喜びを爆発させる河合楽器のメンバー＝東京ドーム

　石井が気迫の投球で六回まで1失点と踏ん張ると、打線は石井の頑張りに応え、好機を逃さず中盤までに6点をもぎ取った。七回からは鈴木裕司（ヤマハ）が登板、三菱自動車岡崎の追撃を2点に抑えて6―3で振り切り、悲願の初制覇を達成した。

　前年、予選で涙をのんだことから、「まず一つ勝つことを目指した」と村瀬。それが初戦にサヨナラ勝ちして上昇気流に乗った。「全員が一つになった」という奥村の言葉がチームの盛り上がりを物語る。

　初Vの歓喜から3カ月後、選手たちは言葉を失う事態に直面する。社業の不振に伴う活動停止であり、企業スポーツの基盤のぜい弱さをあらためて浮き彫りにした。

あとがき

2012年4月17日から13年3月4日までの間、静岡新聞夕刊スポーツ欄に「静岡野球ノート〝輝いたその時〟」のタイトルで、静岡県野球界が戦後、刻んできた足跡を103回にわたって連載しました。本書はその連載を加筆修正したものです。

巻頭の「はじめに」でも触れたように、本県の野球のいまを語る時、「王国」とは縁遠いというのが実情といえるでしょう。ところが、連載のための取材を重ねていくと、野球が県民の間に深く浸透していることを、強く実感させられました。

広辞苑で「国技」をひもとくと「一国の代表的な競技。日本の相撲など」とあります。しかし、取材に応じてくださった方々の野球に注ぐ思いに接すると、相撲を野球に置き換えるべき、そんな感さえ抱きました。

連載の対象を硬式野球、それも注目度の高い高校野球と、一時期、プロ野球に匹敵する人気を博した社会人野球に限定させていただきました。さらに、その中でも全国の舞台で輝いた〝その時〟を演出したチームを中心に、ご登場願いました。

取材に当たり、静岡県高校野球連盟、日本野球連盟静岡支部をはじめ、各方面の方々にご協力いただきました。あらためてお礼申し上げます。

スポーツライター　加藤　訓義

静岡野球ノート　輝いたその時

2013年6月27日

編　者　　静岡新聞社
発行者　　大石　剛
発行所　　静岡新聞社
〒422-8033　静岡県静岡市駿河区登呂3-1-1
☎054-284-1666

印刷・製本　石垣印刷

ISBN978-4-7838-2238-7 C0075